insel taschenbuch 4776
Murielle Rousseau
Die Gärten von Paris

Was wäre Paris ohne seine Gärten und Parks? Die »grüne Hauptstadt« wird die Metropole auch genannt, denn fast fünfhundert Grünanlagen gibt es hier. Viele sind längst selbst zu Sehenswürdigkeiten geworden, wie der Jardin du Luxembourg oder der Jardin des Tuileries. Andere liegen versteckt hinter hohen Mauern oder verrammelten Toren, wie der Garten des Palais Royal oder der Clos des Blancs-Manteaux, und warten darauf, entdeckt zu werden.

In *Die Gärten von Paris* nimmt die Pariserin Murielle Rousseau die Leserinnen und Leser mit in die schönsten Gärten der Stadt. Dabei nähert sich die Autorin den Gärten als Flaneurin und porträtiert sie auf ihre ganz persönliche, charmante und sehr französische Art. So entsteht Garten für Garten ein ganz besonderes Bild von Paris: das Porträt einer Stadt, gezeichnet auf einer Parkbank, mit Vogelgezwitscher im Ohr.

Murielle Rousseau, geboren 1966 bei Paris, hat an der Sorbonne und in Freiburg Sprachen und Literatur studiert. 1995 machte sie sich mit einer eigenen Agentur für Presse- und Öffentlichkeitsarbeit selbstständig. Seit 2007 ist sie auch als Autorin erfolgreich und erhielt für ihre literarischen Kochbücher u. a. den Gourmand World Cookbook Award.

Im insel taschenbuch liegt außerdem vor: *Savoir-vivre. Leben wie eine Französin* (it 4598).

Marie Preaud, geboren in Nantua, Frankreich, wurde für ihre Fotografien vielfach ausgezeichnet. Ihre Arbeiten werden international ausgestellt. Sie lebt mit ihrer Familie in Frankfurt am Main.

MURIELLE ROUSSEAU
Die Gärten von Paris

Mit Fotografien von Marie Preaud
INSEL VERLAG

Erste Auflage 2020
insel taschenbuch 4776
© 2019 Insel Verlag Berlin
Vertrieb durch den Suhrkamp Taschenbuch Verlag
Umschlag: Rothfos & Gabler, Hamburg
Umschlagfoto: Marie Preaud, Frankfurt am Main
Karte: Peter Palm, Berlin
Druck: CPI – Ebner & Spiegel, Ulm
Printed in Germany
ISBN 978-3-458-36476-4

INHALT

Die Gärten von Paris

ERSTES ARRONDISSEMENT
Die Vögel im Garten: Palais Royal

Xavier wartet mit zwei Kaffeebechern in der Hand am Gewölbeeingang des *Ministère de la Culture*. Es ist noch dunkel, das dunkelgelbe Licht der Lampen hüllt die Straßen ein wie eine Sommerdecke. Noch ein wenig müde lehne ich mich an eine der Kolonnaden, die den Garten des Palais Royal ebenso einfassen wie die schwarzen schmiedeeisernen Gitter mit ihren auffälligen goldenen Spitzen.

Xavier und ich wollen den ersten Vögeln lauschen, die hier im Garten des Palais Royal ihr Lied anstimmen. Deswegen sind wir so früh gekommen. Mein Freund drückt mir die zwei Tassen in die Hand. »Sie sind *blanc cassé* wie unser Milchkaffee«, sagt Xavier und zeigt lachend auf die Säulen, während er mit einem großen Schlüssel das schwarze Tor öffnet. Hinter uns sperrt er wieder zu. Da sind wir, eingeschlossen in ein in Dunkelheit gehülltes, grünes Carré im Zentrum von Paris. Eingeschlossen in ein Schmuckkästchen aus Stein.

Obwohl direkt auf dem touristischen Trampelpfad zwischen Opéra und Louvre gelegen, wird der Garten des Palais Royal von Parisreisenden nur selten besucht. Das mag daran liegen, dass er nicht durch eine Straße oder einen Platz einsehbar ist und sich stattdessen hinter einem geschlossenen Gebäude-Ensemble versteckt.

Auch sind die Eingänge zum Garten kaum als solche zu erkennen, nur Kenner und Anwohner steuern sie zielsicher an. Wer dennoch in das Innere vordringt, dem macht es der Garten keineswegs leicht: Die langen Wege und Flure sind nicht auf Anhieb zu überblicken. Man fühlt sich schnell etwas verloren. Xavier meint, es sei gut, wenn man so einen Ort nicht auf dem Tablett serviert bekommt, sondern ihn sich regelrecht erarbeiten müsse. Und diese Arbeit wird belohnt, führen die Wege nämlich, Adern gleich, direkt zum Wesen des Gartens – direkt zum Herzen.

Le jardin secret nennt Xavier diesen Ort, den geheimen Garten, und sagt, dass er Pariser kenne, die in ihrem ganzen Leben noch kein einziges Mal im Garten des Palais Royal waren. Dementsprechend ruhig ist es. Gerade morgens nach dem Aufschließen, verrät mir Xavier, sei der Garten im absoluten Stillstand. Nur ein einsamer Spaziergänger im Laufschritt verirrt sich her. Schon am späten Nachmittag, wenn die Kinder nach der Schule genug auf den Steinstelen herumgehüpft sind und sich der von fröhlichen Kinderbeinen aufgewirbelte Staub wieder auf die Holzbänke und die grünen Gartenstühle legt, wird es sehr still hier. Man muss kein Paul Claudel sein – Dichter, Diplomat und Vertreter der katholischen Erneuerung –, um sich wie in einem Klostergarten zu fühlen. Dafür sorgen schon die Kolonnaden, die den rund zwei Hektar großen Garten wie die Arkadengänge einer Klosteranlage gegen die Welt da draußen abschirmen und schützen. Die Häuserzeilen geben dem Ort Struktur und Halt. Für Claudel war das Modell eines Klostergartens ohnehin am besten geeignet, städtischen Raum zu gestalten. »Die Ordnung ist die Lust der Vernunft«, hat er mal gesagt.

Interessanterweise hat in der Vergangenheit gerade diese strenge, klassizistische Struktur des Ortes, die heute auch durch die ansässigen Ministerien und den Staatsrat eine institutionelle ist, die Menschen oft dazu verleitet, alles niederreißen zu wollen – während und nach der Revolution. Als würde dieser Ort dazu verleiten, ihm zu widersprechen, seine Struktur durcheinanderzubringen, genau hier seine Meinung kundzutun. Ein sehr paradoxer Ort!

1633 wurde der Garten in einem der Innenhöfe des damals sehr modern anmutenden Stadtpalast, dem Palais Cardinal, angelegt. Etwa ein Jahrhundert später baute der Lieblingsneffe des legendären Gartenarchitekten André Le Nôtre, Claude Desgots, den Garten komplett um. Entlang der zentralen Allee pflanzte Desgots eine Reihe von Ulmen, schloss den Garten an einer Seite durch den Bau einer Treppe und schuf so den Anschluss zur Rue des Petits Champs. »Überhaupt verdankt dieser Garten sein heutiges Aussehen dem Erneuerungsdrang, der Investitionswut und dem Gestaltungswillen aller Beteiligten«, sagt Xavier. »Einer von ihnen war der Duc de Chartres, später Philippe d'Orléans. Diese wunderschönen Galerien sind sein Werk.«

Ich drehe mich um und lasse meinen Blick an den Geschäften entlangschweifen, deren schwache Beleuchtung

den äußeren Rahmen des Gartens bildet: Antiquitäten, Inneneinrichtung, festliche, handgenähte Mode und eine Kunstgalerie kann ich erkennen. »Gab es die Galerien denn nicht schon von Anfang an?«, frage ich Xavier, der rasch verneint. Er erzählt mir, dass die Anwohner damals den direkten Zugang zu dem königlichen Garten schamlos ausnutzten und rauschende Gartenfeste veranstalteten, ohne sich darum zu scheren, dass sie dies auf einem fremden Grundstück taten. Kurzerhand verkleinerte Philippe d'Orléans den Garten, indem er ein ganzes Drittel rundherum neu bebauen ließ. Es entstanden die Galerien, deren Erdgeschoss zu beziehen nur den Händlern vorbehalten war: Juweliergeschäfte, Modeboutiquen und andere Frivolitäten der damaligen Zeit.

Mein Blick wandert an den Galerien nach oben. Nur im ersten Stock wurde gewohnt, und das sehr nobel – das scheint auch heute noch so zu sein. Jede der sechzig Wohnungen überspannen drei Kolonnaden, jeweils durch eine Laterne beleuchtet. Das Café de Foy richtete sich unter sieben Kolonnaden ein und bot Eis an – was fortan, im Garten serviert, zu einer der Pariser Moden wurde.

Der Garten des Palais Royal blieb nach wie vor für das Publikum geöffnet, früher sogar bis ein Uhr nachts und selbstverständlich auch für die zuvor dort laut feiernden Anwohner, die nun in der zweiten Reihe logierten. In der Nacht jedoch sorgte der schwarze Zaun mit den goldenen Spitzen dafür, dass nur die Wächter in ihm wandelten. An diesen Schranken rüttelten später die Prostituierten, denen der zuvor gewährte Zugang versperrt wurde – die Promenade auf der Allée des Soupirs, der Seufzerallee, war in ganz Europa für ihre schönen leichten Mädchen berühmt. Einer der Perückenbauer der Comédie-Française, *le posticheur*, dessen Schriftzug immer noch linkerhand der Cour d'honneur hinter dem Theater zu lesen ist, spießte Wachsköpfe an den goldenen Gitterspitzen auf, um auf ihnen seine Perücken fertigzustellen. Das war einerseits lustig, andererseits auch makaber, wie eine revolutionäre Mahnung. Tatsächlich klebte an dem Zaun auch das Blut der Revolution. Mehr als das: Hier nahm sie ihren Anfang. In einem der Lokale des Palais Royal rief am 13. Juli 1789 Camille Desmoulins seine Mitbürger auf, zu den Waffen zu greifen. Am Tag darauf begann die Französische Revolution, die auch den Bewohner des Palais Royal, Philippe d'Orléans, letztlich den Kopf kosten sollte. Dass er zuvor dem Nationalkonvent geschworen hatte, gar nicht der leibliche Sohn des letzten Herzogs von Orléans zu sein, sondern der Sohn von dessen Kutscher, bewahrte ihn nicht vor der Guillotine.

Während wir durch den Garten spazieren, habe ich das Gefühl, hier sei die Zeit stehen geblieben. Die um diese frühe Stunde einsam daliegenden Boutiquen scheinen seit ihrer Eröffnung kaum verändert. Hüte, Kunst, Mode – Galerien und ihre Hinterräume. Ich stelle mir den fröhlichen Lärm von damals vor, das Lachen Molières, das aufgeregte Geplapper der Schauspieler beim Verlassen des Théâtre français, das im späten achtzehnten Jahrhundert an der Gartenseite entstanden war. Und die nächtlichen Spaziergänger, die aus den umliegenden Restaurants und Cafés stolperten. Die grau-weiß gestreiften Jalousien verbergen gestern wie heute ihre Geheimnisse. Welche Familien wohnen hier, welche einsamen Menschen?

Vogelgezwitscher reißt mich aus meinen Gedanken – der erste Vogel ist erwacht! Die Schriftstellerin und Künstlerin Colette hätte ihn gehört. Sie wohnte in einer der Wohnungen mit Blick auf den Garten, in der Rue de Beaujolais Nummer 9. Zeitlebens sprach sie von »ihrem« Carré. In *Paris durch mein Fenster* beobachtete sie eine hübsche Krähe und wunderte sich, aus welchem Kirchturm sie wohl geflogen kam. Sie spazierte zwischen den Regenrinnen umher, beschrieb Colette, landete ohne Umschweife und ohne Scham auf dem Kopf der bedauernswerten Statue *génie latin* und scherte sich einen Dreck um die Architektur und den abgesteckten Platz. Colette beobachtete auch, wie ein Meisenpaar heimisch wurde und den rechteckigen Raum des Gartens nicht mehr verließ. Sie verglich die beiden Meisen mit der Katze der Concierge der Comédie-Française, die ebenfalls kaum ihre kleine Eingangsloge verließ. Nur manchmal schlich sie sich heraus, so wie alle einsamen Bewohner des Viertels, um ein bisschen alleine spazieren zu gehen – und genauso allein wieder zurückzukehren.

Zu dem ersten zwitschernden Vogel gesellt sich ein anderer. Ein kurzes, hohes Lied fällt in der Tonhöhe ab und endet mit einer buchfinkartigen Fanfare – wir staunen nicht schlecht: Der Gesang gehört zu einem typischen Waldvogel, dem Waldbaumläufer, einem der kleinsten Vögel Europas. Unsere Augen suchen die Bäume nach dem winzigen Eindringling ab, der so gar nicht hierher passt. Xavier erzählt mir, dass der kleine Vogel für die Nahrungssuche den Baumstamm von unten nach oben spiralförmig hochklettert. Wenn er oben angekommen ist, fliegt er auf den nächsten Stamm und fängt wieder von unten an. Er sei fast nie auf dem Boden zu sehen. Ich setze mich mit Xavier auf eine der hölzernen Bänke unter den Bäumen und höre dem winzigen Vogel zu, meine Kaffeetasse mit ihrer restlichen Wärme noch in meinen Händen.

Einmal kurz können wir unseren Waldbaumläufer auf dem Baumstamm entdecken, sein Gefieder ist kaum von der Baumrinde zu unterscheiden, die Bewegung hat ihn verraten. Neben seinem Gesang ist nichts weiter zu hören, nur das leise Wiegen der Äste über uns. Andere kleine Vögel plustern sich auf und verstecken sich in den Buchsbäumen. Wir sind immer noch alleine in diesem schönen Gartenstück unweit des Louvre. Weit entfernt hören wir das Aufschlagen von Fensterläden, was uns an die Wirklichkeit des Ortes erinnert. Die Dunkelheit ist langsam verschwunden und gibt den Himmel frei mit seinem schönen tiefen, kurze Zeit später blassen Blau.

Inzwischen sind weitere Vögel erwacht, ihr Gesang entwickelt sich zu einem bunten, fröhlichen Stimmengewirr, aus dem der einzelne Vogel kaum herauszuhören ist. Auf den Kupferlampen der Kolonnaden des Palais

Royal streiten sich die Vögel um den höchsten Punkt und schaukeln sich darauf in den Tag hinein. Trotz des Gezwitschers breitet sich der Eindruck der Stille in mir aus. Ich muss an Jean Cocteau denken, der 1940 am Palais Royal in der Galerie de Montpensier Nummer 36 wohnte. Dieser Ort, so sagte er, sei zu ganz bestimmten Zeiten »ein Ort der Stille, umringt von Vogelgesang«.

Infos:
• *Jardin du Palais Royal*, 8 Rue de Montpensier, 75001 Paris
Métro: Palais Royal – Musée du Louvre
Der Garten ist ab 8.00 Uhr geöffnet (bis 20.30 Uhr – von April bis Oktober bis 23.00 Uhr). Mittwochs um 12.00 Uhr wird die kleine Bronzekanone inmitten des Gartens entzündet, die von 1786 bis 1911 (als die Uhrzeit nach Greenwich ausgerichtet wurde) jeden Tag um diese Zeit detonierte. Pariser orientierten sich daran.

Literaturhinweise:
Colette, *Paris durch mein Fenster*
Jean Cocteau, *Paris; Notes sur l'amour; La belle et la Bête; L'Aigle à deux têtes*
Marcel Aymé, *Mein geliebtes Paris …*
Honoré de Balzac, *Verlorene Illusionen*

Mit Picasso auf der Île de la Cité:
Square du Vert-Galant

Ich sitze im Garten des Musée Carnavalet mitten im Marais und lasse mir die Sonne ins Gesicht scheinen. Die Blumenrabatten sehen aus, als hätte Monet sie koloriert. Es ist wunderbar ruhig hier in diesem Innengarten *à la française,* der durch einen Säulengang von einem weiteren getrennt ist. Mein Blick streift die Reiterstatue von König Henri IV und ich muss an den Picasso denken, den ich gerade im Museum betrachtet habe: Das kubistische Gemälde aus dem Jahr 1943, *Square du Vert-Galant*, zeigt das kleine Stückchen Grün an der Spitze der Île de la Cité mit ebensolcher Reiterstatue des Lieblingskönigs der Franzosen auf der Brücke.

Ich entscheide mich, dem Bild Picassos zu folgen und einen Spaziergang zu jenem kleinen grünen Dreieck zu unternehmen, das von oben betrachtet wie die Spitze eines Bootes aussieht, das auf die Seine hinauszielt. Benannt wurde es nach dem *bon roi*, dem guten König Henri IV. Weil er die Frauen liebte, im hohen Alter gar angeblich fast 70 Mätressen unterhielt, galt er auch als *vert galant*, als immerwährender Schürzenjäger. Ihm – und sicher nicht seinen Liebeskünsten – zu Ehren stellte man eine Reiterstatue auf der Pont Neuf auf. Sie überragt die seltsame Dreieckspitze an genau der Stelle, an der die zwei Seine-Arme zusammenkommen, als würden sie die Insel umarmen.

1607 wurde der Garten angelegt, im selben Jahr wie die nahe gelegene Place Dauphine. Errichtet wurden beide Bauten auf neu gewonnenem Land, denn die jetzige Inselspitze bildeten ursprünglich drei sumpfige Inseln, die Henri III 1584 miteinander verbinden und somit die Fläche des ältesten Teils von Paris vergrößern ließ. Aus dem Verkauf der Häuser an der Place Dauphine finanzierte er übrigens den Bau des Pont Neuf, der »Neuen Brücke«, die heute die älteste Brücke von Paris ist.

Picasso brauchte von seinem damaligen Atelier auf der linken Seine-Seite, der *rive gauche,* in der Rue des Grands Augustins nur die Straße hinunterlaufen, am Quai de Conti entlang und über den Pont Neuf, dann ein paar Stufen hinabsteigen, schon war er am Square. Ich bin gerade *rive droite* und nähere mich vom unteren Ende der Insel. Nach etwa zehn Minuten habe ich die Spitze der Île de la Cité erreicht.

Picasso hat den Square 1943 in tiefgrünen Farben gemalt, dschungelartig. Einzig die Reiterstatue ist rabenschwarz, die Häuserzeile im Hintergrund aschgrau. Das Wasser, das die Inselspitze doch so sehr prägt, lässt sich auf dem Bild allenfalls erahnen. Auch sonst fehlt vieles, was diesen Ort ausmacht: die Tiere und vor allem die Menschen, die hierherkommen oder hier leben, damals wie heute. Die Musiker und die Fischer, die spielenden Kinder und die flirtenden Liebespaare, die Freunde beim Picknick und die Einsamen mit ihren Büchern. Sie sitzen auf Bänken, liegen auf Decken und den groben Pflastersteinen, stehen am Ufer und blicken auf das Wasser. Die

Menschen vom *Square du Vert-Galant,* sie wurden oft beobachtet und fotografiert, unter anderem von Robert Doisneau, dem legendären Fotografen und Flaneur.

Das kleine Paradies beheimatet erstaunlich viele verschiedene Bäume. Kastanien, Ginkgos, Robinien, Ulmen, Eiben, Oliven-, Nuss- und Apfelbäume kann man hier ausmachen. Doch nur einer von ihnen erlangt regelmäßig Berühmtheit: die große Trauerweide nämlich, die bei Hochwasser einsam aus dem Dreieck ragt. Und die Inselspitze steht oft unter Wasser, liegt sie doch etwa sieben Meter tiefer als der Rest der Insel – auf der ursprünglichen Höhe der Île de la Cité. Man vergisst, dass die Seine an dieser Stelle früher fast doppelt so breit war.

In dieser einsamen grünen Oase treffen sich Schwäne, allerlei Entensorten mit lustigen Namen wie *fuligule milouin* und *fuligule morillon,* Wasser- und Blässhühner, kleine Haubentaucher, Bachstelzen, Silber- und Lachmöwen. Letztere geben dem Ort mit ihrem aufgeregten Geschrei ein gewisses Urlaubsflair, fast wähnt man sich in einer Küstenstadt.

Und unweigerlich fragt man sich, woher sie nur kommen, die vielen Möwen von Paris, die einen mit ihrem lauthalsigen Ruf schon in den frühen Morgenstunden aus dem Bett holen. Ob Picasso sie von seinem Atelier auch gehört hat und sich genauso für sie interessierte wie für die vielen Tauben, die ihm Modell standen? Denkbar ist es, da diese Vögel seit dem frühen zwanzigsten Jahrhundert in der Hauptstadt anzutreffen sind: Manche das ganze Jahr über, andere nur im Winter. Sie kommen etwa aus der Normandie, der Seine folgend, und aus dem Osten Europas.

Mit den Möwen im Ohr setze ich mich auf eine der Bänke, denke an Picasso und Henri IV und lasse mir die Seine-Luft um die Ohren wehen. Dabei entsteht mein ganz eigenes Bild vom Square du Vert-Galant.

Infos:

· *Musée Carnavalet und Innengärten*: 16 Rue des Francs-Bourgeois, 75003 Paris
Métro: Saint-Paul
In Renovierung, Wiedereröffnung 2020 mit Teesalon in den Gärten.
· *Square du Vert-Galant*: 15 Place du Pont Neuf, 75001 Paris
Métro: Pont Neuf
Rund um die Uhr geöffnet. Eintritt frei.

Kunsthinweis:

Pablo Picasso, *Le square du Vert-Galant*, Musée Carnavalet Paris

Puppentheater, Segelboote und Kinderträume: Tuileriengarten und Gärten der Champs-Élysées

Ich bin etwa zehn und laufe die Élysées herunter. Unter dem Arm mein kleines Segelboot aus Holz, im Rücken den Arc de Triomphe. Das große runde Becken der Tuileries ist nicht mehr weit, doch ich kann gar nicht schnell genug hinkommen. Die schönen Gärten der Champs-Élysées um mich herum würdige ich keines Blickes. Ich habe nur Augen für den großen Obelisken auf der Place de la Concorde, denn gleich dahinter liegt der *Jardin des Tuileries* mit dem runden Wasserbecken. Der feste rote Stoff der Segel ist noch mit einer Kordel festgebunden, doch bald kann ich sie lösen und meinem Boot die Freiheit schenken, die es die ganze Woche über im Regal meines Kinderzimmers sicher vermisst hat. Ich laufe noch ein bisschen schneller.

So wie ich damals als Kind laufen viele an den Gärten rechts und links im unteren Teil der Champs-Élysées einfach vorbei, wenn vielleicht auch nicht so schnell. Es scheint das Schicksal dieser Gartenanlage mitten in Paris zu sein, nicht wirklich als Garten wahrgenommen zu werden. An mangelnder Größe kann es nicht liegen. Immerhin sprechen wir von unglaublichen 13,7 Hektar Grünanlagen, darin Kulturstätten wie Grand Palais und Petit Palais, das Théâtre du Rond-Point und das Théâtre Marigny. Und obwohl der grüne Blick vom Arc de Triomphe bis zur Place de la Concorde einmalig ist, schaut man doch eher auf die Straße und die Häuser, und die meisten Touristen schlendern auf den breiten, geraden Bürgersteigen entlang, statt auf den geschwungenen Wegen durch die Grünanlage.

Den Grundstein des Gartens legte Marie de Médicis, die sich 1616 in der Verlängerung der Tuilerien einen Garten wünschte, in dem sie sowohl mit ihrer Karosse herumfahren als auch zu Fuß spazieren gehen konnte. Drei Alleen mit vier Ulmenreihen entlang der Seine ließ sie anlegen, die *Cours la Reine* (*cours* heißt Promenade) genannt wurden, später auch vom Volk *Petit Cours*. Erst durch Louis Philippe, den letzten französischen König, und das Second Empire bekamen der Garten und die Promenade ihr heutiges Aussehen. Unter dem Einfluss all dessen, was man in London gesehen hatte, sollte ein englischer Garten um die heutige Prachtstraße Champs-Élysées entstehen, und zwar auf den Wiesen, wo zu dieser Zeit noch Kühe grasten.

Doch man musste erst den Lauf des neunzehnten Jahrhunderts abwarten, bis die Avenue des Champs-Élysées überhaupt von Häusern eingerahmt werden konnte. Dann erst entstand dieser wunderschöne englische Garten, in mehrere Carrés unterteilt. Nur der mit einer Treppe am Grand Palais angrenzende Square Perrin zeugt von der Gartenkunst *à la française* – ein Bassin in der Mitte umringt von Skulpturen, Bänken und geschnitzten Bäumen –, der Rest ist typisch britisch. Auf der anderen Seite des Grand Palais liegt übrigens ein versteckter, geheimer, romantischer Garten: der schattige *Jardin de la Nouvelle France*. Ein Wasserlauf und eine Brücke, wunderschöne Ahorn- und Orangenbäume, Buchen und Robinien und nicht zuletzt die Fontäne mit dem romantischen Namen *Le rêve du poète*, der Traum des Poeten, bieten alles, was man als müder Spaziergänger braucht, um kurz inmitten von Blumen und Grün innezuhalten und die Hektik der Stadt zu vergessen.

Inzwischen bin ich schon tausendmal in diesen Gärten hin und her geschlendert und habe gelernt, dass man sie in beide Richtungen hoch- und runterlaufen muss, um die Perspektive zu wechseln und immer einen neuen Blick auf die Gebäude und ihr angrenzendes Grün zu bekommen. Doch das Kind, das mit seinem Segelboot zum Wasserbecken der Tuilerien läuft, hat davon keine Ahnung. Inzwischen hat es die Place de la Concorde überquert und den Jardin des Tuileries betreten. Wenige Augenblicke später steht es am Bassin *vivier nord* und löst endlich die Kordel von den Segeln seines Bootes.

Am Rand des Beckens steht schon Alain mit seiner leicht ramponierten Holzkarre, von der die blaue Farbe langsam abblättert. Der alte Segelboot-Verleiher kommt meistens am Mittwoch und am Wochenende gegen elf Uhr und verleiht seine bunten Boote an die Kinder, die kein eigenes besitzen. Alain ist einer von genau zwei Bootsverleihern dieser Art in Paris – und schon seit Jahrzehnten im Dienst. Sein Kollege arbeitet im *Jardin du Luxembourg* und verleiht dort die typischen Paudeau-Boote. Paudeau war ein handwerklich geschickter Bootsbauer, der in den zwanziger Jahren auf die Idee kam, am Bassin des Jardin du Luxembourg seine selbstgebauten Segelboote zu verleihen. Wie Paudeau damals baut Alain seine Boote selbst. Er sägt, feilt, näht und stellt die guten Stücke in mühevoller Arbeit zusammen. Ist mal eines seiner Lieblinge kaputt, so braucht er Zeit, um es zu reparieren. Und bleibt ein anderes in der Mitte des Bassins hängen, so schlüpft er in seine großen schwarzen Gummistiefel und watet zur Rettung.

Ich muss mir von Alain kein Boot leihen, ich habe ja mein eigenes, aus Kindheitstagen. Mit einem kleinen Stock schiebe ich es an und schon flitzt mein kleines Segelboot leise über die dunkelgrüne Wasserfläche. Ich schaue ihm nach und wünsche mich selbst an Bord, geschrumpft auf die Größe einer Maus. In meinem Rücken liegt der wunderbare Tuiliengarten, dem André Le Nôtre einst sein Erscheinungsbild eines Barockgartens verpasste – und der, anders als die Gärten der Champs-Élysées, wahrlich keine Probleme hat, als Garten wahrgenommen und genutzt zu werden. Vor allem an den großen Wasserbecken entspannen Parisreisende auf ihrem Weg von den Champs-Élysées zum Louvre, bevor sie an den berühmten Statuen von Rodin, Maillol und Giacometti vorbeischlendern. Die gehören morgens den Gärtnern, Hundebesitzern, Joggern und eilig von Süden nach Norden laufenden Geschäftsleuten in Schwarz. Sie verscheuchen die Tauben, die flatternd auffliegen, um sich kurz darauf wieder abzusetzen. Die Enten machen am oberen Bassin mit ihrem ohrenbetäubenden Gequake

auf sich aufmerksam. Mehrere der braunschwarz Gefiederten teilen sich den Sockel einer Statue. Die Farbe des Wassers im Bassin erinnert an Monets in der Orangerie aufbewahrtes Nymphengemälde. Obwohl er nie hier gemalt hat, meint man, die Bassins hätten ihm Pate gestanden für sein dem Frieden gewidmetes, blaugrünes Wasser- und Blumengedicht.

Auf dem Weg zurück von meinem Segeltörn weckt im Norden der Avenue Gabriel ein Tor meine Aufmerksamkeit. *La grille du coq*, das prachtvolle Gitter mit dem stolzen goldenen Hahn auf seiner Spitze, ist der hintere Zugang zum Garten des Élysée-Palastes – der damalige Staatspräsident Émile Loubet ließ ihn 1900 hier einbauen – und er ist selten geöffnet. Nur am dritten Septemberwochenende, anlässlich den *Journées européennes du patrimoine,* öffnet sich der Garten dem Publikum.

An diesem Tag aber ist das Tor geöffnet und ich wage einen neugierigen Blick. Der Palast wurde 1722 vom Comte d'Évreux gebaut. Die Marquise de Pompadour lebte hier, peppte den Palast im Inneren auf und vergrößerte den Garten: Säulengänge, Lauben sowie ein Labyrinth ließ sie anlegen. 1764 vererbte sie das Anwesen Louis XV, dessen offizielle Mätresse sie lange Jahre war. 1797 gab es famose Bälle in den Salons des Erdgeschosses und im angrenzenden Garten. Heute erinnern noch eine Fontäne, der Rasen und ein paar wenige – genau genommen drei – hohe Bäume an diese Zeit. Neun Gärtner kümmern sich um das anderthalb Hektar große Gelände. Wie viele andere Pariser Gärten auch wurde er erst *à la française*, später anglochinesisch angelegt. Zwischen den Kriegen kam der Garten herunter, lange lag er im Dornröschenschlaf. Erst 1992 ließ Präsident Mitterand ihn wiederbeleben und einmal im Jahr dem normalen Publikum aufschließen.

Durch das offene Tor blicke ich noch einmal in den Garten des Präsidenten und begreife zum ersten Mal die Tiefe dieser Gartenlandschaft entlang der Champs-Élysées, die hier immer noch im Herzen von Paris grünt und sich so versteckt, dass man sie erst auf den zweiten oder gar dritten Blick versteht. Diese fast unvorstellbare Breite der Allee und die Tiefe der Gartenflächen an ihren Seiten hat der Schriftsteller Marcel Proust im ersten Band seiner *Suche nach der verlorenen Zeit* beschrieben. Die Unvorhersehbarkeit der Ankunft von Gilberte dehnte für ihn Raum und Zeit, die Emotionen verschmolzen mit dem Ort der Champs-Élysées, die sich im Verlauf des Wartens noch weiter auszudehnen schienen, breiter und diffuser wurden. Die Sonne schienen Proust wie »Feuer«, die Balkone, an den Fassaden klebend, schwebten wie »Wolken aus Gold«. Andere verglichen die Terrassen der Cafés sogar mit Stränden, von den Markisen beschattet wie die Küsten Südfrankreichs von ihren Sonnenschirmen.

Tatsächlich ist es hier entlang der breiten Prachtstraße – obwohl ursprünglich auf sumpfartigem Gelände gebaut – schon immer sehr trocken gewesen. Staubwolken schwebten über der Allee, aufgewirbelt von den Hufen der Pferde. Schatten fand man oft nur unter den Kastanien. Dort rollten die Kinder ihre Glasmurmeln in

Löcher unter den Bäumen, bewegten ihre Reifen mit Stöcken, beobachteten die in den Blätterhaufen umherhüpfenden Vögel. Und lange noch gab es Esel wie aus den Märchen der Comtesse de Ségur, die man für ein paar Francs besteigen konnte.

Nicht weit vom Tor *La grille du coq* liegt das Carré Marigny. Hier steht das kleine, alte Puppentheater, das den *guignols*, dem französischen Pendant zum deutschen Kasper, eine Bühne gibt. Im Jahr 1818, knapp zehn Jahre nach der Erfindung der kleinen Holzpuppe durch den Lyoner Arbeitslosen Laurent Mourguet, dessen Gesichtszüge der *guignol* übrigens tragen soll, entstand hier am Rond-Point der Champs-Élysées inmitten von rosa- und weißblühenden Rhododendronsträuchern das erste Pariser Puppentheater. Heute gibt es etwa dreizehn davon in Paris und Umgebung, irrtümlicherweise auch Marionettentheater genannt, doch hier wird nicht an Strippen gezogen.

Die *guignols* in ihren grün-roten Gewändern sind traditionell Park- und Gartenbewohner – denn der Zugang zu den königlichen Theatern blieb den lustigen Holzköpfen verwehrt. Also verfrachtete man das beim Volk und den Familien beliebte Puppenspiel um Guignon, Gnafron und Gendarm Flageolet auf die Boulevards und die angrenzenden Parks. Der Pariser *guignol par excellence* spielt auf einer knapp drei Meter breiten und übermannshohen Bühne. Früher zahlten die Zuschauer der ersten Reihe für ihre festen Plätze auf Holzbänken. Wer einen der Stehplätze dahinter hatte, warf nach Belieben einen

Obolus in den Hut. Hier, in den Gärten der Champs-Élysées, begleitet von den Melodien der Blau- und Kohlmeisen, hingen schon Generationen von Kindern den lustigen Streichen der *guignols* und dessen Freunden nach.

Überhaupt sind die Gärten ein Paradies für Kinder. Neben den alten Puppentheatern gibt es alte Schiffsschaukeln und schöne Holzpferde, die sich nach der Melodie der *romances sans paroles* drehen. An grünen Holzhütten werden Lutscher in allen Farben verkauft. Und so manches Kind träumt hier vielleicht davon, eines Abends von einem der Kioske aus Holz aus an 1001 roten Luftballons hängend gen Paradies zu fliegen. So wie es Paul Gilbson in *Paris tel qu'on l'aime* beschrieb.

Infos:
· *Jardin des Tuileries,* Place de la Concorde, 75001 Paris
Avenue des Champs-Élysées
Zugang: Cours-la-Reine, Avenue Franklin-D.-Roosevelt, Avenue Matignon, Avenue Gabriel
Métro: Concorde, Tuileries, Champs-Élysées – Clemenceau
Geöffnet im April und Mai: von 7.00 Uhr bis 21.00 Uhr / von Juni bis August: von 7.00 Uhr bis 23.00 Uhr / von September bis März: von 7.30 Uhr bis 19.30 Uhr. Am 24. und 31. Dezember: Schließung um 18.30 Uhr. Eintritt frei.

Literaturhinweise:
Marcel Proust, *Auf der Suche nach der verlorenen Zeit*, Band 1: *Unterwegs zu Swann*
Paul Gilbson, *Paris tel qu'on l'aime*

DRITTES ARRONDISSEMENT

Auf der Suche nach Einsamkeit: Square du Temple

Cedric ist viel zu früh dran. Er wollte auf keinen Fall zu spät kommen, ist die Strecke vor ein paar Tagen sogar schon einmal abgelaufen, um zu wissen, wie viel Zeit sie ihn kostet, und heute, da der Termin ansteht, hat die Nervosität sein Tempo offenbar verdoppelt. Er ist schon fast da, die Redaktion, in der er sich um eine Stelle als Redakteur bewirbt, liegt in dem Innenhof eines Gebäudes aus dem achtzehnten Jahrhundert. Die früheren Garagen wurden zu Büros umfunktioniert und mit hohen Glasfronten versehen, die das Innere nach außen kehren.

Auch Cedric fühlt sich, als könne jeder in ihn hineinschauen. Die Aufregung ist ihm ins Gesicht geschrieben. Er hat noch eines, stellt er fest und beruhigt sich etwas. Er biegt ab und lenkt seine Schritte in den nahe gelegenen *Square du Temple*. Er wird sich auf eine der Bänke neben dem künstlich angelegten See setzen, den Enten beim Quaken zuhören und nichts weiter tun, als seine Atmung zu regulieren und ab und an auf die Uhr zu schauen, sagt er sich. Er ahnt nicht, dass es dazu nicht kommen wird.

Rechts neben dem Eingang zum Square steht ein kleines grünes Wärterhäuschen, *la cahute*. Später wird ihm Monsieur Charles sagen, dass es ein Zwischending zwischen *cabane* und *hutte* sei. Das eine sei die *maison du pauvre* und die andere die *maison du sauvage*. Entweder arm oder wild – eigentlich eine schlechte Auswahl ... Cedric hat sich schon oft gefragt, ob einem Wärter nicht langweilig sei und was man für eine Ausbildung haben müsse, um diese Arbeit in einem der Pariser Gärten zu bekommen. Früher stand hier eine Festung der Templerritter. Im dreizehnten Jahrhundert bot sie ihnen Unterschlupf und wurde Schauplatz blutiger Bestrafungen, denn die Templer galten als Ketzer. Während der Französischen Revolution wurde die Burg zum Gefängnis, unter anderem für Marie-Antoinette. Zahlreiche Mitglieder der Königsfamilie wurden von dort zur Guillotine gebracht. Napoléon ließ die Festung abbauen und von Georges-Eugène Haussmann und Jean-Charles Alphand einen englischen Garten anlegen – ganz nach dem Vorbild der Squares, die er in seinem Exil kennengelernt hatte.

Ein bisschen englisch ist der Garten tatsächlich geworden, aber vor allem sehr exotisch: Hier wächst die Amerikanische Gleditschie, die Blasenesche, der Ginkgo biloba und der japanische Schnurbaum; ein byzantinischer Haselnussstrauch sprießt bemerkenswerte achtzehn Meter in die Höhe. Etwa siebzig Bäume und hundertneunzig Pflanzenarten ziehen auf siebentausend Quadratmetern Vögel aller Arten an. In einem künstlichen Wasserfall plätschert das Wasser über Felsen aus dem Wald von Fontainebleau. Es gibt einen *kiosque à musique*. Und ebenjenes Wärterhäuschen, die *cahute*, die Cedric nun schnurstracks ansteuert. Er will nur kurz durch die alten, leicht milchigen Fenster schauen, es scheint leer zu sein, doch dann blickt er plötzlich in die erschrockenen Augen eines Gartenwärters, der sich hier auf seinen zwei Quadratmetern etwas Privatsphäre erhofft hatte. Gerade einmal zwanzig Zentimeter und eine Glasscheibe trennen die beiden Männer voneinander, die sich beide so erschrecken, dass sie kurz in der Bewegung erstarren. Sie müssen ein komisches Bild abgegeben haben inmitten dieses *Locus amoenus* des 3. Arrondissement. Locus amoenus ... Ja, das gibt der Square du Temple gut ab, eine idealisierende Naturschilderung und einen literarischen Topos, der bis ins sechzehnte Jahrhundert oft verwendet wurde. Cedric und der Gartenwärter stehen inmitten solch eines lichten Haines mit Wasserfall, Blumen und Vogelgesang.

Cedric läuft zum *kiosque à musique* mit seinen vielen Bänken, die um diese Tageszeit noch alle frei sind. Die schöne achteckige Form der überdachten Bühne, der Stil der Jahrhundertwende, das satte Dunkelgrün der Eisensäulen – für Cedric ist es ein szenischer Ort, *une autre scène.* Mit seiner durchsichtigen Architektur ist der Musikpavillon ein geschlossener und zugleich offener Raum.

Doch auch hier währt die Einsamkeit nicht lange. Monsieur Charles, Rentner und einer der vielen Entenfütterer des Parks, kommt des Weges und lehnt sich an den *kiosque à musique*, so dass er nah an der Bank steht, auf der Cedric sitzt. »Sie müssten mal im Sommer hierherkommen«, sagt er zu ihm, »wen habe ich hier nicht schon alles spielen sehen: einen Verkäufer, ein paar

SNCF-Handwerker der staatlichen Eisenbahn, drei Lehrer, sicher an die fünfzehn Angestellte des Rathauses gegenüber, einen Polizisten, einen Lithografen ... Insgesamt unterrichten hier acht Musiker der Musikschule gratis, und am Ende der Saison gibt es ein Konzert im Freien. Sind gute Musiker darunter, ist das wahrlich ein Genuss. Symphonien von Mozart, Beethoven oder Berlioz hab ich hier schon zu hören bekommen, sogar Orchester-Suiten von Massenet oder Saint-Saëns. Manche wagen sich an richtige Ouvertüren: Schumann oder Mendelssohn.«

In den Pariser Gärten, so erzählt Monsieur Charles, gibt es insgesamt vierunddreißig solcher *kiosques à musique*. Inspiriert von den chinesischen Pavillons wurde ab dem achtzehnten Jahrhundert einer nach dem anderen in den Pariser Parks eröffnet. Viele sind heute – wie hier in Monsieur Charles' Square – renoviert und wiederbelebt worden. Cedric lauscht den Ausführungen des musikbegeisterten Rentners, nickt ab und an und vergisst beinahe seinen Termin. Überstürzt eilt er los und überlässt Monsieur Charles seinen Erinnerungen an verklungene Musik.

Während sich Cedric in den schicken Redaktionsräumen den Fragen seines zukünftigen Arbeitgebers stellt, füllt sich der Square langsam mit Müttern aus dem Viertel. Kleine Kinder nehmen den Spielplatz und den Sandkasten in Beschlag. Später kommen die *apéroteurs*, also jene, die vor dem Mittagessen noch schnell einen Drink nehmen wollen, und die anderen, die ihre Mittagspause mit Picknickdecke und Snack ganz in den größten Square des Marais-Viertels verlegen. Niemand stört sich dabei an der Stelle in der Mitte des Rasens, die an die fünfundachtzig jüdischen Kinder des Viertels erinnert, die während des Zweiten Weltkrieges nach Auschwitz deportiert wurden. Die toten Kinder sind mitten unter ihnen.

Monsieur Charles bleibt fast den ganzen Tag und schaut nach seinen Enten. Füttern ist zwar nicht erlaubt, doch der Wärter schaut weg.

Tipp:
Insgesamt wurden 24 *Squares* in Paris von Baron Haussmann, dem berühmten Stadtplaner von Paris, angelegt, so auch der *Square des Batignolles* im 17. Arrondissement. Auch hier wünschte Napoléon III einen Square im englischen Stil.

Infos:
• *Square du Temple – Elie Wiesel*, 64 Rue de Bretagne, 75003 Paris (Eingang auch Rue du Temple oder Rue Eugène-Spuller)
Métro: Temple
Geöffnet von 8.00 Uhr bis 21.30 Uhr, im Winter früher geschlossen. Eintritt frei.

Was hätte Picasso dazu gesagt:
Jardin du Musée Picasso

Elisabeth sitzt auf einer Bank im grünen Carré des Innenhofes des Hôtel Salé. In ihrem Schoß stapeln sich Notizhefte, Postkarten und Studienbücher, obenauf liegen ihre Hände, damit bloß nichts auf den Boden fällt. Vor allem um die Postkarten wäre es schade. Die hat sie doch gerade erst im Picasso-Museum gekauft, zu dem dieser Garten gehört.

Die junge rothaarige Studentin blickt in den *jardin à la française* und kann sich keinen größeren Kontrast zu der Kunst Picassos, die sie sich gerade angeschaut hat, vorstellen. Sie holt eine der Postkarten aus der Papiertüte. Sie zeigt ein Selbstbildnis Picassos aus seiner blauen Phase. Lange betrachtet Elisabeth das Porträt des Künstlers. Irgendwie passt der wunderschöne kleine Garten nicht ganz zu Picasso, denkt sie sich. Sicher, das Stadtpalais aus dem siebzehnten Jahrhundert, in dessen Räumen Picassos Œuvre heute hängt, würde ihm gefallen, hatte er doch mehrmals in seinem Leben den Wunsch geäußert, in einem sehr alten Haus wohnen zu wollen. Und alt ist dieses Palais allemal: Zwischen 1656 und 1660 wurde es für Pierre Aubert gebaut, und da dieser durch die Salzsteuer reich geworden war, nannten die Pariser sein Haus bald verächtlich Hôtel Salé. Später zog hier die Botschaft Venedigs ein, dann eine Pension, in der sogar Balzac genächtigt haben soll.

Doch was hätte Picasso wohl zu diesem Garten gesagt? Die geraden Linien, die elegant geschnittenen Buchsbäume an jeder Ecke, die geraden Blumenrabatten ... Elisabeth wagt gedanklich einen Vergleich zwischen Picasso und diesem *jardin à la française.* Für den spanischen Maler, der seine damalige Geliebte Dora Maar im Jahr 1938 in *Frau sitzt in einem Garten* auf einem Stuhl inmitten von Frühlingsblumen im Garten sitzend malte und mit *Die Frau im Garten* in eine Skulptur verwandelte, war die Natur eine starke Inspirationsquelle, niemals jedoch ein zweitrangiges Dekor. Picasso bildete die Natur aber nicht nur in seinem Werk ab, er arbeitete auch mit ihr, so fertigte er etwa Kunst aus Holz. Und ein beliebtes, wiederkehrendes Motiv in seinem Werk ist die Frau-Blume oder Blumen-Frau.

Wäre Picasso jetzt hier, würde er vielleicht seine Staffelei in den Garten stellen und eine seiner Musen malen. Aber er würde bestimmt die eine oder andere Blume des Südens vermissen und die weite Sicht auf sanfte Hügel, wie er sie vor allem in den letzten Jahren seines Lebens suchte – da ist sich Elisabeth sicher.

Sie steht von der Bank auf, streicht über ihre Hosenbeine, als müsse sie Krümel abstreifen, und geht dann durch das Hauptportal zurück auf die Straße und damit zurück in das urbane Leben mit seinem Straßenlärm, seiner Hektik, seiner Geschäftigkeit. Doch mit Picassos *Femme assise dans un jardin* in ihrer Handtasche hat Elisabeth ein kleines Stück Garten bei sich, hier, mitten in der Stadt.

Infos:

· *Jardin du Musée national Picasso-Paris*, 5 Rue de Thorigny, 75003 Paris
Métro: Saint-Paul oder Chemin Vert
Geöffnet von 10.30 Uhr bis 18.00 Uhr.

Zwischen Stadtpalais und grünen Oasen: die Jardins des Archives nationales

Mariette zieht ihre junge Kollegin Emmanuelle sanft am Ärmel. Seit einem Monat arbeiten sie zusammen in der Bibliothek der Pariser Stadtgeschichte, der *Bibliothèque historique de la Ville de Paris*. Erst am Tag zuvor hatten sie festgestellt, dass sie denselben Arbeitsweg haben, und sich sofort für den nächsten Morgen verabredet. Mariette schaut auf die Uhr. Zehn nach acht, stellt sie zufrieden fest, die Gärten sind schon geöffnet. »Komm«, sagt sie zu Emmanuelle, »ich zeige dir einen versteckten Garten. Wir können rein, er ist für jedermann geöffnet.«

Zwischen sieben verschiedenen Hôtels – wie die prestigeträchtigen, französischen Herrenhäuser und Stadtpalais aus dem siebzehnten und achtzehnten Jahrhundert genannt werden – verteilen sich auf über achttausend Quadratmetern verschiedene Gärten sowohl im klassischen französischen wie im englischen Stil. Die meisten Bewohner des Viertels nutzen diese kleinen Oasen als Durchgang, etwa auf ihrem Weg zur Arbeit, und genießen den entspannenden Spaziergang vorbei an Bassins, Büschen und einem kleinen Bach, vorbei an weiß blühenden Ligusterhecken und ans Mittelmeer erinnernden Schirmkiefern. Doch nicht nur die Anwohner werden von diesen Gärten angezogen – auf dem Dach des Chamson-Gebäudes hat man inzwischen Bienenstöcke aufgestellt, mitten im dichten Marais-Viertel.

Hôtel de Rohan, Hôtel d'Assy, Hôtel de Breteuil, Hôtel de Fontenay und Hôtel de Jaucourt – Mariette kennt sich aus und durchquert mit Emmanuelle erst den beeindruckenden Hof des Hôtel de Soubise, der die Form eines Halbmondes hat, und geht dann auf den kleinen Eingang hinten rechts zu. Kurz darauf laufen sie einen kleinen Weg entlang, *Allée* genannt, die Ruelle de la Roche. Es ist eine der ältesten Straßen von Paris und sie verband einst die Rue des Archives mit der Rue Vieille du Temple. Auf der rechten Seite liegen die Gärten des Hôtel d'Assy und des Hôtel de Breteuil, es sind typische Stadtgärten aus dem neunzehnten Jahrhundert. Durch den Bach und die schönen alten Bäume entsteht eine einzigartige, fast romantische Stimmung. Hier wächst auch der erste nach Paris eingeführte *marronnier d'Inde* – die majestätische, aus der Türkei importierte Rosskastanie mit ihren schönen, pyramidenförmigen Blüten wurde später auch im Jardin des Plantes und in den Tuilerien angepflanzt.

Auf ihrem Arbeitsweg durch das Grün der Stadtpalais gerät Mariette regelmäßig ins Schwärmen, so auch heute. Sie fühlt sich wie auf einer Zeitreise zurück ins achtzehnte Jahrhundert, als das Viertel ein Zentrum des intellektuellen und mondänen Lebens war. Auch Emmanuelle lässt sich von Mariettes Stimmung anstecken, an die Arbeit verschwenden beide keinen Gedanken, hier in den Gärten des Marais.

Obstbäume dominieren den Bereich, den Mariette und Emmanuelle jetzt erkunden: Chanticleer-, Birnen-, Apfel- und Quittenbäume stehen hier so dicht aneinander

wie auf einer Plantage auf dem Land. Der Garten des Hôtel de Rohan ist klassischer, spektakulärer und größer als die anderen, und bietet dennoch ruhige Rückzugsorte, die – im Frühling und Sommer üppig bepflanzt – einen wunderschönen Kontrast zur Fassade des 1705 gebauten Hôtel bilden. Was für eine Augenweide! »Viele Pariser haben diese Gärten noch nicht entdeckt, sie sind versteckt, fast geheim – und dabei bestens geeignet, um mitten am Tag eine Pause zu machen«, sagt Mariette, »und wo kann man sonst schon von einem klassischen französischen Garten mit zahlreichen Obstbäumen mal eben in einen romantischen englischen Garten wechseln – ohne dazwischen lange laufen zu müssen?«

Das Hôtel de Rohan mit seinem Garten ließ Armand-Gaston-Maximilien de Rohan ab 1705 direkt neben dem Hôtel de Soubise bauen, das seine Eltern bewohnten. Es wurde zwar während der Revolution fast komplett zerstört, doch durch Napoléon I gerettet. Später kam die Nationale Druckerei in dem Gebäude unter, noch später ein Teil des Nationalarchivs.

Mariette führt Emmanuelle nun in einen kleineren Garten, den *Jardin des Hôtels d'Assy et de Breteuil*. Als sie ihn das erste Mal betrat, war sie sich nicht sicher, ob sie das überhaupt durfte. Er sah ganz nach einem privaten Garten aus. Heute schreitet sie selbstbewusst hinein, doch Emmanuelle zögert, wie einst Mariette. Vor einigen Jahren wurde der Garten erneuert. Seitdem ergänzen ihn ein Farges Trompetenbaum, eine Albizia aus der Familie der Mimosengewächse sowie ein Cladrastis, der im Juni herrlich blüht und im Herbst eine besonders schöne, gelbe Färbung aufweist. Die Komposition von Bäumen und Blumen hat fast etwas Intimes, Geheimes, Stilles. Die beiden Frauen schweigen und erfreuen sich an den blühenden Büschen und Sträuchern wie etwa dem Pfeifenstrauch und den mit ihm verwandten Deutzien, dem Flieder und den Weigelien, den hohen Pfingstrosensträuchern und den mehr im Schatten stehenden Fuchsienarten, den Aukuben und den Steinlinden und an den Duftblüten natürlich, die nicht nur ihrer hübschen Blüten wegen, sondern vor allem aufgrund ihres jasminartigen Dufts geliebt werden.

»Wenn du hier im späten Frühling durchläufst«, erzählt Mariette ihrer Kollegin, »ergeben diese Blüten eine ganz eigene Duftkomposition. Daraus müsste man ein Parfüm kreieren – es wäre besser als das von Hermès!«

Mariettes Lieblingsgarten ist der Jardin de l'Hôtel de Fontenay mit dem von kleinen Buchsbäumen umringten Blumenfeld, *mille-fleurs* genannt und von dem französischen Kunsthistoriker Dezallier d'Argenville (1680-1765) inspiriert. Hier finden die Bienen vom Dach des Chamson-Gebäudes reichlich Wiesenblumen für ihren Honig. Von 1720 bis 1751 gestaltete Achille Duchêne diesen Garten – und ließ sich dabei offensichtlich von André Le Nôtre inspirieren: Klassisch französisch ist er, zwei Glorietten am Eingang erinnern an mittlerweile verschwundene Pavillons. In seiner ganzen Anmutung ist der Garten wild und unterscheidet sich dadurch vom etwas älteren *Jardin de l'Hôtel de Jaucourt*, in den Mariette und Emmanuelle nun anschließend gelangen.

Im achtzehnten Jahrhundert gehörte der Garten der Comtesse de Jaucourt, die ihm ihren Namen verlieh. Der Comtesse hätte es sicher gefallen, wie heute die Obstbäume neben Tulpen, Rosen, Zürgelbäumen und Pinien stehen. Mariette und Emmanuelle laufen die großen Rasenflächen entlang, streicheln *en passant* die Rosen und inhalieren glücklich deren Duft. Dann gelangen sie durch die Rue des Francs-Bourgeois wieder hinaus, beseelt von diesem Sinnesvergnügen am frühen Morgen inmitten ihres dichten Stadtviertels. Wenig später verschwinden sie für den Rest des Tages in den dunklen Bibliotheksräumen der *Bibliothèque historique de la Ville de Paris.*

Infos:
· *Jardins des Archives nationales*, 60 Rue des Francs-Bourgeois und 11 Rue des Quatre-Fils, 75003 Paris
Métro: Saint-Paul
Jeden Tag geöffnet von 8.00 Uhr bis 17.00 Uhr von Anfang November bis Ende März und von 8.00 Uhr bis 20.00 Uhr von Ende März bis Ende Oktober (Achtung: aktuell Renovierungsarbeiten im Gange, Zugang ausschließlich über die 60 Rue des Francs-Bourgeois). Eintritt frei.

VIERTES ARRONDISSEMENT

Ein poetischer Hafen im Häusermeer: die Jardins partagés im Marais

»Justine, lass uns jüdische Patisserien naschen«, rufe ich ihr zu und bleibe vor den blau gerahmten Schaufenstern der urigen Bäckerei Murciano stehen, erfreut beim Anblick all der süßen Teilchen. Weniger erfreut sind wir über die Schlange. Die jüdischen Patisserien erfreuen sich nach wie vor großer Beliebtheit, auch wenn Monsieur Murciano, der sein Handwerk einst in Jerusalem lernte, das Geschäft längst seinen beiden Söhnen überlassen hat. Wir entscheiden uns für das kleine *mini croissant au chocolat, le rogalah'*, die *brioche au fromage blanc* und das kleine, süße Dreieck aus Kokos und Schokolade. Mit diesem Arsenal an Süßem sind wir gewappnet für ein *pique-nique gourmand* um die Ecke und biegen in die Rue du Temple ab, um in dem Innenhof eines Gebäudes der Straße Blancs-Manteaux dem Gewusel des engen Marais zu entkommen.

Das Viertel mit seinen vielen mittelalterlichen Häusern und stattlichen Herrenhäusern aus der Renaissance hat zahlreiche *jardins à la française.* Die meisten von ihnen sind inzwischen für Besucher geöffnet, doch viele sind kaum bekannt. Das mag daran liegen, dass sie in den engen Gassen zwischen kleinen Boutiquen, Cafés und Kunstgalerien nicht leicht zu entdecken sind, auch sind manche erst seit kurzem zugänglich. Der Jardin Clos des Blancs-Manteaux ist ein *espace vert*, eine diskrete, kleine grüne Oase, die in der Art der Klostergärten angelegt wurde – und perfekt ist für unser Picknick. Für einen Klostergarten scheint dieser Garten, den es erst seit Anfang der Zweitausender Jahre gibt, reichlich jung. Doch es passt: Denn im dreizehnten Jahrhundert hausten hier die *moines mendiants*, die bettelnden Mönche, die *les serfs de la Vierge Marie* hießen und lange weiße Mäntel trugen. Direkt neben diesem von der Stadt unterhaltenen Garten liegen die *jardins partagés*, die von Anwohnervereinen bewirtschaftet werden. Es ist ein kleiner poetischer Hafen im Häusermeer, verankert auf dem ehemaligen Gelände eines Schulhofes. Etwa vier bis fünf Hobby-Gärtner teilen sich jeweils eine Parzelle und halten den Garten in Schuss, der den Anwohnern und Schulklassen vorbehalten ist und nur am Wochenende für das Publikum geöffnet wird. Patricia, Justine und ich sitzen oft hier, unsere Schule lag direkt um die Ecke und beteiligte sich schon damals an diesem *jardin partagé*. Entsprechend fühlen wir uns zu Hause.

Ein *jardin partagé* ist auch der Garten, der aus dem Zusammenschluss der Gärten des Hôtel de Coulanges, Hôtel Barbes und Hôtel d'Albret hervorging – typischen *Hôtels particuliers* aus dem siebzehnten Jahrhundert. Entsprechend der drei Hôtels bewirtschaften die Anwohner auch drei unterschiedliche Bereiche: 1095 Quadratmeter Spalierobst, Garten und Rasen. Justine, Patricia und ich kletterten oft über den kleinen Zaun, der den alten

Feigenbaum schützen sollte, und setzten uns unter die ausladenden Äste, die so schwer sind, dass man sie stützen muss. Als Schülerinnen lernten wir diesen Square kennen, der sich ganz der Biodiversität verschrieben hat. Unser Lehrer erklärte uns einige der zweihundertfünfzig Pflanzenarten, medizinischen Heilkräuter, aromatischen Pflanzen und *tinctoriales*. Wir wissen, welche Bereiche wir nicht betreten dürfen. Der Gemüsegarten gehört dazu, den ich besonders mag, weil dort Artischocken wachsen. Und die Bereiche für die Vögel mit den Wasserschalen und Vogelhäusern. Dieser *jardin partagé* ist ein Miniaturgarten, dem man die Liebe und Fürsorge seiner Gärtner ansieht.

Die Spalierobststämme lassen den Blick frei auf einen der siebenundsiebzig Türme der *Enceinte de Philippe Auguste,* der Festung aus dem dreizehnten Jahrhundert. Doch der Blick verweilt auf dem imposanten Schornstein der erst vor ein paar Jahren geschlossenen *Société des cendres*, einer Kooperation, die im Auftrag der Goldschmiede der Stadt Gold und Silber von Staub und anderem Schmutz befreite, über fünfunddreißig Meter ist der hoch. Man stelle sich vor, wie die Goldschmiede hier noch bis vor kurzem säckeweise alten Schmuck abluden, um anschließend inmitten der Mühlen und Öfen darauf zu hoffen, dass am Ende reichlich Gold und Silber übrigblieb.

Dass der Garten auf ein schweres Schicksal aufmerksam macht, sieht man ihm erst einmal nicht an. Er ist Joseph Migneret gewidmet, einem Lehrer aus der Nach-

barschule, der einst viele Kinder vor der *déportation* gerettet hat. Hier, inmitten der engen Wege, sind weitere Carrés bepflanzt. Im Schatten junger Birken hocken Familien, Kinder spielen Fußball, Teenager sitzen plaudernd auf Holzbänken oder auf dem Rasen zwischen Bambus und Rohrzuckerpflanzen aus der Provence. Auch Justine und ich saßen hier oft und staunten über den *céanothe*, den mexikanischen Orangenbaum, den *cornouiller blanc* und die *fétuques*. Eine Ausstellung in der Gartenlaube im hinteren Bereich informiert über die Arbeit der Stadtgärtner. Was für ein unkompliziertes, fröhliches Miteinander auf wenigen Quadratmetern! Umso wichtiger das kleine Stück Grün inmitten des Marais-Viertels, in Erinnerung an all die Kinder, die es nie erleben durften.

Infos:
• *Jardin Clos des Blancs-Manteaux*, 21 Rue des Blancs-Manteaux, 75004 Paris
Métro: Hôtel de Ville oder Rambuteau
Nur am Wochenende geöffnet (Samstag 13.30 Uhr bis 18.30 Uhr, sonntags 10.30 Uhr bis 12.30 Uhr und 13.30 Uhr bis 17.30 Uhr). Eintritt frei.
• *Jardin des Rosiers – Joseph Migneret*, 10 Rue des Rosiers, 75004 Paris
Métro: Saint-Paul

Die Schmuckschatulle:
Place des Vosges

Ein feiner Regen begleitet mich auf meinem Weg zur *Place des Vosges* mit seinem *Square Louis XIII*. In den Arkaden, die den inneren Platzgarten einrahmen, finde ich Schutz vor diesem Regen, der so gar nicht typisch ist für Paris. Wie die Innenflächen einer gekrümmten Hand wirken die elegant gewölbten Bogengänge auf mich. Ich fühle mich geborgen und bin zugleich verzaubert. Doch ich kann nicht so recht erklären, was diese Magie erzeugt: Ist es die beeindruckende Symmetrie der angrenzenden Gebäude mit ihren schweren braunen Holztoren, die strenge rot-beige Farbkomposition, in die man sogleich eintaucht, oder ist es das kleine grüne Stück in der Mitte des Platzes, das den bezauberndsten Garten des Marais bildet, den ich kenne? Der fröhliche Lärm der Kinder, die sich mit dem Wasser aus dem Springbrunnen bespritzen, lenkt meinen Blick. Dabei müsste ich Ausschau halten nach Maurice, meinem Freund aus alten Zeiten, mit dem ich hier verabredet bin. Maurice arbeitet als Wärter im kleinen Musée Victor Hugo in der Hausnummer 6, wäre aber lieber Kellner im Café La Place Royale.

Maurice hat mich schon immer verblüfft mit seinen interessanten Bildern und Vergleichen, schon als wir als Kinder hier um die Ecken zogen und die historischen Bezüge, die dieser Platz mit seinem hübschen Garten in der Mitte für geschichtsinteressierte Erwachsene bereithält, noch gar nicht verstanden. Maurice kann Situationen und Orte beschreiben wie kein anderer. Und hatte er einmal beschlossen, einen für irgendetwas zu begeistern oder irgendwo hinzulocken, so zog er alle Register der Überzeugungskunst. Er hätte einen Platz im *quartier* gefunden, einen Schatz, ein Schmuckstück, das ich unbedingt sehen solle, meinte er eines Tages und führte mich hierher. Auch heute noch wirkt die Place des Vosges auf mich wie ein *écrin*, eine kleine Schmuckschatulle.

Ähnlich muss es den Erbauern gegangen sein, als sie strengstens darauf achteten, möglichst harmonische, gleichmäßige Fassaden zu schaffen – korrespondierende Häuserzeilen, die sich wie vier uniformierte Wächter um ihren Schatz stellen. Inspiriert wurden sie dabei von den italienischen Plätzen der Renaissance, aber auch von ähnlichen Anlagen in Lothringen, wo die Familie von Maurice übrigens herkommt.

»Henri IV hat diesen Platz geplant, als er seinerzeit Paris verschönern und den Stadtbewohnern königliche Plätze schenken wollte. Denn seiner Meinung nach gab es davon noch zu wenige«, flüstert mir Maurice plötzlich ins Ohr, der sich von hinten angenähert hat, ohne dass ich ihn kommen sah.

»Auf Geheiß des Königs, so, so. Darum hieß der Platz auch erst und bis zur Revolution Place Royale«, entgegne ich ihm und begrüße meinen Freund.

»Ja, aber es war nicht der König, der ihn bauen ließ, noch hat je ein König hier gewohnt. Er gab nur die Baurichtung vor, den großen, strikten Plan.«

Ich staune nicht schlecht: »Dem musste man folgen?«

»Was weiß ich«, Maurice zuckt die Achseln. Dann rattert er ein paar Fakten herunter, als wären es Verse eines auswendig gelernten Gedichtes: »Ein Quadrat von 140 mal 140 Metern, sechsunddreißig Pavillons, sechs pro Straßenseite, mit einem Erdgeschoss aus Stein, zwei Etagen aus Backstein sowie einem Dach aus Schiefer, auf jedem Geschoss vier Fenster. Die Höhe der Dächer, durchbrochen von *œil-de-bœuf*-Fenstern, musste genau halb so hoch sein wie die Fassade breit. Nach diesen Regeln entstand also dieses harmonische Ensemble. Siehe da«, ruft er plötzlich aus, als hätte er gerade ein Rätsel gelöst, »das Geheimnis der Place des Vosges ist also ein mathematisch-geometrisches!«

Maurice zieht mich am Ärmel. »Doch was wäre eine Harmonie, wenn sie nicht ab und zu durchbrochen würde? Schau her«, sagt er und zeigt mit dem Finger auf eine Fassade, »zwei Gebäude haben diese Funktion übernommen, im Süden der Pavillon du Roi auf der sogenannten *côté sud*, den man von der Rue Saint-Antoine via Rue de Birague erreicht, mit seinen erhöhten, kannelierten Pilastern«, der Finger zeigt in die andere Richtung, »und im Norden der Pavillon de la Reine, der mit dem Eingang in der Rue de Béarn die Symmetrie aufgreift – mit seinen Dachgauben und den zwei, drei Etagen ganz im Stil von Louis XIII.« Mir verschlägt es fast die Sprache, als ich mir die Gebäude näher anschaue. »Ach, wie gerne würde ich dort wohnen!«, platzt es aus mir heraus, Maurice aber zieht die Brauen hoch.

Der Platz als solcher wurde im April 1612 mit der pompösen Hochzeit von Elisabeth, der Schwester von Louis XIII, eingeweiht. Einige Jahre später schmückte die Bronzestatue des Königs, der Frankreich von 1601 bis 1643 regierte, die Mitte des Platzes. Doch während der Französischen Revolution wurde das Metall für Kanonen gebraucht, Louis' Statue eingeschmolzen. Jahre später rekonstruierte man sie aus Marmor. Hier stehen wir nun, Maurice und ich, und schauen uns das Ross an, das den Kopf in demütiger Haltung vor einem königlichen Reiter in römisch-herrschaftlicher Kluft senkt. »Der strahlende Koloss passt so gar nicht zu dem Baumstamm, den man dem Pferd plump unter den Bauch geklemmt hat, damit es nicht zusammenklappt«, sage ich. Wir müssen schmunzeln.

Maurice malt mir die königliche Hochzeit in den leuchtendsten Farben aus, es gab Turniere, Karussells, Konzerte und anderes Amüsement für die feine Gesellschaft. »Ursprünglich war gar nicht geplant, dass die noble Gesellschaft hier auch wohnt, daher waren auch keinerlei Höfe oder Gärten vorgesehen, wie sonst üblich bei den *Hôtels particuliers*. Angezogen vom königlichen Glanz fand die *haute bourgeoisie* aber nach und nach Gefallen an diesem einzigartigen Ort, und er wurde eine *résidence à la mode*. Der Garten inmitten des Platzes wurde immer wichtiger, obwohl er wie eine *grande cour* ursprünglich als rein urbaner Ort, ohne jede Vegetation, geplant war. Er sollte lediglich den großen Pferde- und Kostümparaden des Königs dienen.«

Maurice unterbricht seinen leidenschaftlichen *discours* und schaut mich überrascht an: »Stell dir heute die Place des Vosges ohne den Garten vor – undenkbar! Im Jahr 1682 hatte man mitten auf den Platz einen *jardin clos* angelegt – unseren Square Louis XIII. Die feinen Anwohner ließen den Zugang dazu reglementieren. Sie zäunten die Fläche ein und verschlossen sie. Nur wer hier wohnte, bekam einen Schlüssel, ganz wie bei einem englischen Square. Aber eigentlich«, Maurice' Stimme überschlägt sich fast vor Entrüstung, »steht in den *lettres patentes* von 1605, die gleichzeitig den Geburtsakt des Platzes bedeuten, etwas von einem weiten Wandelgang für die Bewohner unserer Stadt, welche sehr beengt in ihren Häusern leben. Ein *vaste promenoir* für alle also! Und einige Jahrzehnte später ist der Zugang versperrt … Nur am *jour du Saint Louis*, am 25. August, wurde der Garten für jedermann geöffnet. Die tickten doch nicht richtig.« Maurice sinkt in sich zusammen und taucht wieder in seine Gedankenwelt ab, während ich versuche, mir vorzustellen, wie es für ihn sein muss, mit all dem Wissen und all der Leidenschaft jeden Tag still auf einem Stuhl in der Ecke der Wohnung Victor Hugos zu sitzen, die Besucher an sich vorbeiziehen zu lassen und nichts weiter zu tun zu haben, als aufzupassen, dass niemand etwas anfasst.

»Was passierte mit dem Garten und dem Platz zwischen der Revolution und dem neunzehnten Jahrhundert?«, frage ich meinen alten Freund.

»Es war nicht gut bestellt um den kleinen Garten«,

erzählt er traurig. »Man versuchte es mit einem Blumenmarkt, das war im Jahr 1833. Erst dann pflanzte man neue Bäume, platzierte die vier Brunnen und die neue Statue aus Marmor. Ursprünglich standen hier Reihen ganz gewöhnlicher Linden, im Jahr 1783, später Ulmen, 1840 gepflanzt, die aber krankheitsbedingt abstarben.« Mein Blick wandert zu den Baumreihen. »Heute stehen rund um den Garten über hundertfünfzig Krim-Linden – *tilleuls de Crimée* – und in der Mitte Kastanien.« Es sind die Bäume, die uns Spaziergängern Ruhe vermitteln und die Geräusche der Stadt abschirmen. Ich versuche, Maurice aufzuheitern, da ich die Traurigkeit in seinen *propos* immer noch spüre: »Dass man die Krim-Linde wählte, hat ganz sicher mit dem Farbkonzept der Fassaden und Dächer zu tun, schau: Die Stämme sind hell- bis dunkelgrau, die Äste dunkelrot- bis braun – grau wie die Häuser, ziegelrot wie die Dächer!«

Dass die Bäume von oben betrachtet – etwa aus dem zweiten Stock des übereck liegenden Hauses, in dem Victor Hugo lebte und Maurice nun Tag für Tag sitzt – ein rotes Rechteck bilden, ist sicher kein gärtnerischer Zufall. Ich stelle mir Victor Hugo vor, wie er in einem schweren Mantel am Geländer des schmalen Balkons lehnt und die Szenerie wie aus einer Theaterloge betrachtet, Pfeife rauchend und an die nächste Zeile oder den nächsten Pinselstrich denkend. Maurice macht mich auf ein Graffiti auf einem Arkadenpfeiler aufmerksam: *Créer, c'est se souvenir* – Entwerfen ist sich erinnern – prangt da frei nach dem Autor der *Misérables*.

Ich denke weiter über die Krim-Linden nach, ein paar Schritte hinter Maurice schlendernd – mit Baumarten kenne ich mich aus. Die Krim-Linden sind ein Hybrid, eine ab 1860 kultivierte Kreuzung zweier Arten, ein Baum, den es in der Natur zuvor nicht gab. Mir ist nicht bekannt, ob es früher hier Bienen gab, auf jeden Fall blüht die Krim-Linde recht spät, erst Ende Juli. Auch zieht sie erstaunlicherweise keinerlei Läuse an, so dass sie sich für Parks und Gärten hervorragend eignet.

Lindenblüten duften intensiv und locken Bienen an. Der Nektar hat einen auffallend hohen Zuckergehalt. In der griechischen Mythologie verhalf er den Göttern zum ewigen Leben – ist also davon auszugehen, dass man sich hier mit diesen Linden ein klein wenig unsterblich machen wollte? Auf jeden Fall wird der Baum der Liebe zugeordnet – schon wieder ein verliebter Gärtner? Er wird mit Treue, Zärtlichkeit, Freundschaft assoziiert. Symbolik hin oder her, auf jeden Fall, so dachte man im neunzehnten Jahrhundert, eignen sich Linden wunderbar, um Baumreihen zu gestalten, da sie sich leicht schneiden lassen. Zudem leben Linden relativ lange, bis zu vierhundert Jahre werden sie alt. Auch gilt die Linde als perfekter Baum für einen Mittagsschlaf, sie gibt gut Schatten. Ich schaue sie mir noch einmal an, die Krim-Linden der Place des Vosges. Eigentlich haben sie eine leichte Pyramidenform. Doch davon ist nichts mehr zu erkennen, sie sind flach beschnitten. Das ist ungewöhnlich.

Nicht ungewöhnlich wiederum, zumindest für Paris,

ist die Reihe von Kastanien. Ich hole Maurice ein, der schnellen Schrittes zu seinem Arbeitsplatz will. »Maurice, weißt du, dass fast achtzig Prozent der Pariser Baumreihen Ende des neunzehnten Jahrhunderts aus Kastanien bestanden? Es waren *châtaigniers d'Inde*, die schon sehr früh, 1650 im Jardin des Plantes und auch 1670 in den Tuilerien, gepflanzt wurden. Auch die Kastanie ist ein Baum, der sehr lange leben kann, hundertfünfzig bis dreihundert Jahre wird er alt.« Ich will seine Aufmerksamkeit noch etwas lenken, bevor er hinter der Tür im Dunkeln des Museums verschwindet: »Schau, bei der Kastanie sind nicht die Äste leicht rötlich wie bei der Krim-Linde, sondern der Stamm. Siehst du?« Maurice dreht nur leicht den Kopf und nickt. Wortlos verabschiedet er sich.

Ich bleibe mit dem unguten Gefühl zurück, dass Maurice auf dem falschen Stuhl sitzt und auch als Kellner im Café La Place Royale nicht an der richtigen Stelle wäre. Ich laufe wieder in die Mitte des Gartens und suche nach Hinweisen, was der Platz mit den Vogesen gemein hat. Was muss passiert sein, dass inmitten der Hauptstadt ein weit östliches Département zur Namensgebung inspirierte? Ich weiß, der Platz wechselte im Lauf der Geschichte oft seinen Namen: von Place Royale über *Place des Fédérés*, *Place du Parc d'Artillerie*, *Place de la Fabrication des Armes* oder sogar *Place de l'Indivisibilité*. Erst um 1800 gab Napoléon ihm den Namen, den heute jeder Pariser kennt: *la Place des Vosges*.

Am Abend warte ich auf Maurice am La Café Place

Royale und erfahre, dass das Département der Vogesen das erste war, das die damals erhobene Revolutionssteuer komplett bezahlt hatte. Das war so bemerkenswert, dass man diesen schönen Platz mit wenigen Unterbrechungen – von 1814/15 und 1852/70 – bis heute nach den Vogesen benannte.

Bei einem *ballon rouge* sitzen wir beide im Halbdunkel der Arkaden, und während die warmen Deckenleuchten des Cafés um die Wette strahlen, philosophieren Maurice und ich ein bisschen weiter. Wie viele Personen der Geschichte wohl schon über dieses Pflaster liefen? Die berühmten Bewohner des Platzes promenierten jeder nach seiner *façon* und zu seiner Zeit; unter ihnen die Marquise de Sévigné, die hier geboren wurde, der Komponist des *Te Deum*, Marc-Antoine Charpentier, der Bischof von Meaux, Jacques Bénigne Bossuet, und verschiedene Schriftsteller, nicht nur Victor Hugo, sondern auch Alphonse Daudet oder Georges Simenon, sogar Colette. Letztere muss eine Schwäche für die Pariser Plätze gehabt haben, da sie nicht nur am Palais Royal, sondern auch hier an der Place des Vosges wohnte.

Wir trinken noch ein, zwei, drei *ballons* – es könnten auch mehr gewesen sein – und phantasieren über die an dieser Stelle auf Papier gebrachten Worte, die hier in den Partituren entstandenen Töne: Würde man sie alle zusammenbringen, ergäbe es eine ganz besondere Bibliothek, die *Bibliothèque de la Place des Vosges*.

Tipp 1:

Der Garten des Hôtel de Sully ist mit der Place des Vosges verbunden, im Nordwesten gelangt man über eine kleine Tür in den Garten. Der Ort war Sitz des Ministers unter Henri IV und im wundervollen Stil von Louis XIII gebaut. Man dreht sich um und steht vor den Statuen der vier Jahreszeiten.

Tipp 2:

Es gibt hier auch Kurioses zu entdecken. Schauen Sie mal bei Hausnummer 5 auf den Boden. Dort verlaufen Schienen. Tatsächlich fuhren einst Züge bis zu dieser Haustür vom Hôtel de Rotrou, direkt in die Küchenräume der *Compagnie internationale des wagons-lits et des grands express européens*, welche die Bahnhöfe von Paris bis in die fünfziger Jahre des zwanzigsten Jahrhunderts mit Mahlzeiten versorgte.

Infos:

· *Place des Vosges* und *Square Louis XIII*, 75004 Paris
Métro Chemin Vert oder Saint-Paul
Geöffnet unter der Woche von 8.00 Uhr bis 17.45 Uhr, am Wochenende ab 9.00 Uhr und im Sommer bis 21.30 Uhr. Eintritt frei.

Literatur- und Musikhinweis:

Victor Hugo, *Die Elenden*
Alphonse Daudet, *Der Nabob; Fromont Junior und Riesler senior*
Georges Simenon, *Maigret und sein Toter*
Marc-Antoine Charpentier, *Te Deum*

Die Falken im Glockenturm:
Notre-Dame und Square Jean XXIII

An einem Mittwoch im Frühling am Fuße der Notre-Dame de Paris: Die abendliche Kälte hat sich über den *Square Jean XXIII* gelegt, kaum dass die Sonne über dem Westen der Stadt zu sinken begann. Kindermädchen schieben Buggys nach Hause, Touristen packen ihre Stadtführer ein. Ein Rentner mit einem halbierten Baguette und einer Flasche Wein unterm Arm läuft schnell an uns vorbei, eine Tüte vom Metzger baumelt an seinem Zeigefinger. Er wird wohl erwartet, um den *bœuf bourguignon* aufzusetzen. Der Platz leert sich. Wir haben Ferngläser um den Hals, Schiebermützen auf dem Kopf und Didier und Guillaume in unserer Mitte. Didier, früher Tänzer des Ballet Maurice Béjart, hat sich seit dem Rückzug aus der aktiven Tänzerei in einen gemütlichen Graubärtigen verwandelt, dem aber die körperliche Grazie aus Zeiten seines aktiven Berufslebens noch anzusehen ist. Ganz im Gegenteil zu Guillaume, der vollends mit seiner Schirmmütze zu verschmelzen scheint.

Stille legt sich über den Ort, auf den noch vor wenigen Wochen wegen des Feuers im Dachstuhl der Kathedrale die ganze Welt schaute. Doch wir sind nicht hier, um die Brandschäden zu bedauern. Wir sind wegen der Falken hier. Seit fünf Jahren nämlich haben in der Nähe des beliebten Squares drei bis fünf Turmfalkenpaare und ein Paar des weitaus größeren Wanderfalken ihre Nester gebaut – eine kleine Sensation, denn die Turmfalken hatten der Stadt nach dem Zweiten Weltkrieg den Rücken gekehrt. Über die Gründe der Falkenflucht wurde viel gerätselt, denn in Paris mangelt es wahrlich nicht an alten, mindestens fünfzig Meter hohen Gebäuden, die sie an ihren natürlichen Lebensraum, die Felsen, erinnern. Hat tatsächlich der Krieg sie so nachhaltig vertrieben? Nun also sind sie zurück und wählten Notre-Dame als Rückzugsort. Als hätten sie noch in den Genen, dass ihre Vorfahren im neunzehnten Jahrhundert die Insel von Paris und speziell die berühmte Kathedrale, die Victor Hugo in seinen Romanen beschrieb, bevölkerten. Auch Hugo erwähnte die Vögel schon.

Das Großfeuer hat sie hingegen nicht verschreckt – fast drei Wochen nach dem Brand des Dachstuhls haben sich die Falken hier wieder zum Nisten eingefunden, als sei nichts geschehen. Wir zücken unsere Ferngläser und halten Ausschau nach den Vögeln. Turmfalken, die *faucons crécerelles,* erkennt man an ihrem Schrei, an ihrem Nest, an ihrem Flug und ihrer Lebensweise, die im Französischen den schönen Namen *diurne* trägt und tagaktiv bedeutet, erzählen unsere Führer. Zwar leben auch einige Paare am Eiffelturm und am Turm Saint-Jacques, doch hier am Square Jean XXIII, in der Nähe der Seine, so finde ich, haben sie es besonders gut.

Der Garten wird von der Kathedrale beschützt und besticht durch seine Lage und seine Größe. Vor allem im Frühling ist er eine Augenweide, wenn die Kirsch- und Apfelbäume blühen und sich das byzantinische Mandelbäumchen mit seinen zarten Blüten an die Kathedrale schmiegt, als wollte es mit ihr verschmelzen. Linden mit großen Blättern rahmen die *Fontaine de la vierge* aus dem Jahr 1845 ein. Efeu rankt an den Mauern hoch, die sich das Ufer der Seine entlangziehen. Die Blumenrabatten sind schön gepflegt und sehen zu jeder Jahreszeit anders aus. Es gibt indische Kastanienbäume, Weißbuchen, rosa blühende »Mimosa de Constantinople«-Bäume, Fichten und Tamarisken. Die Falken lieben den Square Jean XXIII aber vor allem wegen der vielen mit Eibenhecken umringten Rasenflächen, auf denen sie Schnecken und Würmer finden.

Nichts erinnert mehr an die Brache, die einst die berühmteste Kirche Frankreichs umgab und erst *terrain vague*, später nur *le terrain* genannt wurde. Im Mittelalter entstanden hier zahlreiche Gebäude für das nahe Kloster. Als diese verfielen, entschied man sich im Jahr 1844 für den Abriss und die Errichtung jenes Gartens. Es wurde der erste öffentliche Stadtteilgarten von Paris. Doch die Erinnerung an *le terrain* hält sich hartnäckig: *Rendez-vous mercredi au terrain*, verschwörerisch rufen Didier und Guillaume jeden Mittwoch zu ihrer Führung auf. Sie wissen nicht, dass sie gerade mit ihren dicken Schuhen genau an dem Ort herumtrampeln, wo einst der klassische Dichter des siebzehnten Jahrhunderts, Nicolas Boileau, wohnte: Auf den Grundmauern seines Hauses plätschert heute der Brunnen der Jungfrau. Vor meinem inneren Auge nimmt dieses malerische Häuschen am Kloster plötzlich detailreich Gestalt an, ich staune über meine Vorstellungskraft. Vermutlich ist der Efeu, der hier überall wildromantisch rankt, schuld daran, dass sich derartige Bilder in mein Hirn drängen. Und die Fontäne, deren Farben sich gerade mit denen Notre-Dames vermählen.

»Die Rückkehr der Falken ist eigentlich schwer zu verstehen, denn sie leben hier inmitten des Großstadtlärms, der urbanen Umgebung, der Pariser Verschmutzung.« Didier holt mich von meiner Zeitreise zurück ins Heute.

Ich überlege kurz. »Und inmitten der Menschen«, füge ich hinzu.

Didier lächelt, vielleicht überrascht von so viel Einfühlungsvermögen einer Städterin in die Seele der Vögel.

Dann fährt er fort: »Sie ernähren sich von Insekten, aber auch von kleineren Vögeln wie Spatzen. Schau genau hin!« Er reicht mir sein Fernglas, das besser ist als meines. Mit den Fingerkuppen bediene ich die kleine Drehschraube, um die Schärfe einzustellen. »Siehst du: Der männliche Falke hat etwas Schwarz am Ende des Schwanzes. Das Weibchen ist gerade nicht zu sehen, doch es hat einen fuchsroten Schwanz mit schwarzen Streifen oder Tupfen und ist fast vierzig Zentimeter lang. Für einen Vogel wird so ein Falke ganz schön alt, nämlich bis zu sechzehn Jahre.« Ich erfahre außerdem, dass Falken ihre Nester nicht selbst bauen, sondern die von anderen Vögeln, etwa von Elstern, benutzen. Und dass manche den Winter in Nordafrika verbringen, doch viele hierbleiben.

Didier hält plötzlich inne und zeigt auf einen Vogel

in der Luft: »Das Männchen jagt gerade. Das erkennt man daran, dass er mit den Flügeln schlägt, ohne von der Stelle zu kommen, und den Schwanz fächerartig gegen den Wind aufstellt. *Der Flug des Heiligen Geistes* wird diese Flugart genannt, was ja gut zu unserer großen weißen Dame, der Notre-Dame, passt. Ende Februar bis Mitte März ist Paarungszeit, dann wird es recht laut. In der Kathedrale von Notre-Dame paaren sich die Turmfalken gern bei den Glocken. Wenn du genau hinschaust, kannst du sie sehen.«

Ich staune, dass ihnen das Glockengeläut nichts ausmacht. Victor Hugos Quasimodo aus *Der Glöckner von Notre-Dame* hat es taub gemacht. Ob der hässliche, menschenscheue Held, der nur über die Glocken mit der Außenwelt kommuniziert, die Falken gestört hätte? Oder wäre er womöglich ihr Komplize gewesen?

Die *heure bleue* legt einen dunkelblauen Schleier über Bäume, Büsche und Mauern. Die Lichter der Stadt scheinen weit weg, und es kommt mir vor, als seien wir auf einem Schiff und nicht auf einer Insel mitten auf der Seine. Didier und Guillaume entfernen sich langsam mit ihrer kleinen Gruppe und überlassen mich dieser blauen, melancholischen Stunde. Gleich wird Owen Wilson um die Ecke biegen, Regieanweisungen von Woody Allen im Ohr, der hier auf dem Square einen Teil des Films *Minuit à Paris* gedreht hat. Der Held, auf Verlobungsreise und auf der Suche nach dem Stoff für seinen nächsten Roman, wird genauso wie ich vorhin in eine andere Zeit versetzt, in eine spätere allerdings, in das Paris der zwanziger Jahre. Um Mitternacht trifft er Gertrude Stein, die Fitzgeralds, Ernest Hemingway, Henri Matisse und andere. Er verliebt sich in die schöne Adriana, die Muse von Modigliani und Picasso.

Paris est une fête. Apropos: Hemingway lebte in den Zwanzigern als Korrespondent für den *Toronto Star* gar nicht weit von hier entfernt, in der Nähe des Boulevard Saint-Michel, dessen Lärm ich von weitem höre. Er kam oft in die Cafés, um Austern zu essen und Weißwein zu trinken und nebenbei *short stories* zu schreiben. Oder er schaute mit seiner Frau bei Sylvia Beach im ersten *Shakespeare & Company*-Buchladen in der Rue de l'Odéon vorbei, der später schräg gegenüber der Île de la Cité in der Rue de la Bûcherie wiedereröffnete. Damals schon hatte der Laden wie heute oft bis spät in den Abend geöffnet. Ob Hemingway Augen für *faucons* hatte?

Infos:
• *Square Jean XXIII*, Île de la Cité, 75004 Paris
Geöffnet frühestens um 8.00 Uhr und im Sommer bis 21.30 Uhr. Eintritt frei.

Literaturhinweise:
Victor Hugo, *Der Glöckner von Notre-Dame*
Ernest Hemingway, *Paris – ein Fest fürs Leben*
Sylvia Beach, *Shakespeare and Company. Ein Buchladen in Paris*

FÜNFTES ARRONDISSEMENT

Herbarium des Monsieur Tournefort: Jardin des Plantes

Eine alte Dame spaziert, auf einen Stock gestützt, an den Beeten entlang. Bei den Gärtnern macht sie Halt. Weit und breit sehe ich sonst nur ein verliebtes Paar auf einer Bank und eine Gruppe laut gestikulierender Jugendlicher, denen gerade strengstens untersagt wurde, ihre Musik aufzudrehen.

Die alte Dame atmet tief ein und lauscht der angeregten Unterhaltung der Gärtner. Der eine steht breitbeinig und mit auf dem Rücken verschränkten Armen da, in den Händen baumelt ein Gummihammer. Der andere schiebt sich die Mütze stirnrunzelnd nach hinten. Ein dritter stemmt ratlos die Hände in die Hüften und scheint zu sagen: So, und was machen wir nun? Banderolen sperren das Terrain ab. Die alte Dame greift mitten ins Gespräch ein, und ich kann, den wärmenden Hut tief über die Ohren gezogen, leider nur Fetzen der Unterhaltung verstehen. Was hat sie denn zu sagen?

Es ist kalt und der Winterwind pfeift, doch die Sonne scheint. In den kleinen Bassins ist das Wasser gefroren, Tauben picken auf dem Boden wahllos herum und flattern aufgeregt umher, als wollten sie der Unterhaltung beiwohnen. Plötzlich drehen sich die Gärtner um, nehmen die alte Dame in ihre Mitte und laufen aus dem

Jardins des Plantes heraus, ohne ihr Gespräch zu unterbrechen. Dabei benutzen sie den diskretesten Ausgang
für den ältesten und grandiosesten Pariser Garten, den
man sich vorstellen kann, nämlich den mitten in der Rue
Cuvier.

Das Viertel im 5. Arrondissement gehörte lange den
Professoren und Literaten, den Forschern des Gartens
und seiner Museen und blieb so lange ruhig, bis die Studenten der erweiterten Uni es für sich vereinnahmten.
Heute scheinen das Viertel und vor allem der an der Seine
gelegene Jardin des Plantes einfach allen zu gehören. Je
nach Tageszeit changiert dessen Bevölkerung. Morgens
die Kleinkinder an den Händen von Großeltern auf dem
Weg in die von hunderten Tierarten bevölkerte *Ménagerie*, einem der ältesten Zoos der Welt. Später am Tag kleine Gruppen von Touristen, die nur die großen schwülhei-
ßen Art-déco-Gewächshäuser mit ihren empfindlichen
Bananengewächsen und Orangenbäumen besichtigen.
Freundinnen auf Yogamatten, die draußen auf den breiten Wiesen die Sonne genießen. Tai-Chi-Aspiranten mit
ihren Lehrern inmitten der durch den Winter kahl gewordenen Beete im *Jardin alpin*. Kartenspielende ältere
Herren in den überdachten Galerien. Joggende Paare, die
miteinander plaudernd die Serpentinen auf dem über
fünf Jahrhunderte alten Hügellabyrinth hoch- und wieder herunterrennen, die Stoppuhr in der Hand. Männer
mit braunem Filzhut und dunklem Mantel, die lässig die
eingerollte Tageszeitung in ihre Manteltaschen stopfen
und großen Schrittes quer durch den Garten laufen, so

wie einst schon der alternde Victor Hugo mit seinen En-
keln. Und auch Balzac war hier, in *La Peau de chagrin*,
Das Chagrinleder, beschrieb er den Garten.

An der Ecke der Rue Cuvier haben sich die Gärtner für
den Mittag im Bistro verabredet. Das Mittagessen ist
heilig, und so essen sie wie die Studenten der nahen Uni
einen hausgemachten *pot-au-feu* und trinken dazu *un
demi de bière*. Der *patron* mit imposantem Bauch bietet
eine riesige Auswahl an Süßspeisen und meint wie aus
einem Roman von Balzac: »Es gibt nach einem *pot-au-
feu* keine schönere Rede wie eine Schokoladen-Nouga-
tine mit einem kleinen Kaffee.« Dabei lacht er so herzlich,
dass man sich dem süßen Abschluss nicht entziehen kann.
Einer der Gärtner hat gedankenverloren den Gummihammer mitgenommen und lehnt ihn an seinen Stuhl.

»Wie nur all die Pflanzen beschriften, die hier in die
Erde kommen sollen? Alles muss sein botanisches Eti-
kett erhalten. Ich weiß, wir sollten uns einen ganz kon-
kreten Plan erarbeiten. Aber wo anfangen?«, fragt sich
René und reibt sich die Stirn. Ihm wurde von der Leitung
der botanischen Abteilung und dem Obergärtner die Aufgabe zugeteilt, bestimmte Beete nach einem ganz spe-
ziellen Herbarium, dem *herbier de Tournefort* aus dem
Jahre 1793, anzuordnen, einem der ältesten Herbarien
überhaupt. Was für eine Mammut-Aufgabe!
In den Bibliotheken des Jardin des Plantes in den Gebäuden rund um den Garten lagern neben diesem Herbarium eine halbe Million Monographien, zehntausend
Manuskripte, Korrespondenzen, wundervolle Original-

zeichnungen von Pflanzen, Blumen, Früchten, Muscheln, Fischen und allerlei anderen Tieren, hundertfünfzigtausend zum Teil historische Photographien, vierzigtausend Grafiken sowie siebentausend botanische und zoologische Aquarelle, darunter alle Werke von Pierre-Joseph Redouté mit seinen in Perfektion gemalten Rosen! Es sind Bibliotheken der Superlative. Wenn es draußen kalt ist, suche ich sie gern auf, greife mir eines der großen ledergebundenen Exemplare und vertiefe mich in die Aquarelle, bis mir wieder warm ist.

Jetzt aber setze ich mich zu den Gärtnern. Mit Florence bin ich ja verabredet. Die ehemalige Bibliothekarin der *Galerie de botanique* nickt mir kurz zu und zeigt mir die umfangreiche großformatige Kopiensammlung, die sie in ihrer braunen Ledertasche liegen hat. Schon macht sie erste Vorschläge. Das Essen gerät zu einem konspirativen Treffen, denn sie ist offiziell in Rente und darf eigentlich nichts mehr beitragen. Doch die Leidenschaft ist zu groß. Am Bistrotisch wird die weiße Papiertischdecke von den Baguettekrümeln befreit, und schon legen die Gärtner los. Mit äußerster Präzision zeichnen sie gemeinsam die Aufteilung der Pflanzen nach Tournefort in die mit Bleistift skizzierten Beete ein. »Dieser Tournefort!«, flucht Florence.

Die ersten Herbarien entstanden um 1640, als der Jardin zum ersten Mal dem Publikum geöffnet wurde. Tournefort war als Botaniker am Hofe des Königs einer der Ersten, der Samen aus Frankreich, England, Spanien, Portugal und Amerika sammelte, um sie hier im Jardin zu pflanzen, zu verzeichnen und vor allem: genau zu beschreiben. Er war Wegbereiter für Generationen von Botanikern nach ihm.

René kennt die Samen und Körner, die Tournefort im Laufe seiner Missionen auf den Spuren der großen griechischen Botaniker wie Dioskurides, der 40 nach Christus forschte, nach Paris sandte: »Sie wurden hier, genau an der Stelle, an der wir vorhin standen, eingepflanzt und gehegt.«

Florence ergänzt: »Ja, nach seinem Tod 1709 fand man sein Herbarium, seinen *jardin sec*, wie er es nannte: Schränke voller getrockneter Pflanzen auf Papier geklebt oder festgemacht und beschriftet. Hier sind die Kopien, lasst uns schauen!« Was war sein Ziel, möchte ich wissen, die größtmögliche Sammlung zusammenzustellen oder gar nur eine persönliche Gedächtnisstütze zu basteln?

»Schwer zu sagen«, antwortet Florence, »zumindest waren seine dutzende Herbarien, die in zweiundzwanzig Klassen von Pflanzen und Bäumen unterteilt waren, eine zu diesem Zeitpunkt einmalige Zusammenstellung. Stell dir vor: achttausend Pflanzen in sechshundertdreiundsiebzig Arten unterteilt! Und nun müssen wir aus diesen auswählen.«

Zurück im Garten und *pot-au-feu*-gestärkt stellen sich die Gärtner der besonderen Aufgabe, legen die von Florence grob eingezeichnete Papiertischdecke des Bistros auf den kalten Boden, beschweren sie an allen vier Ecken mit Steinen aus dem alpinen Garten von nebenan und starten mit Hilfe ihrer Hammer und stabilen Streben ei-

ne Aufteilung der Flächen. Es wird eine großartige Wiederherstellung dessen, was die Botaniker vor über zweihundert Jahren hier in dem abgesteckten Bereich der *École de botanique* pflanzten.

Da der Jardin des Plantes 1635 aus dem von Louis XIII gegründeten *Jardin royal des plantes médicinales* (1626) hervorging, galt er früher schon als Ausbildungsstätte für Ärzte und Apotheker. Hier wurde und wird noch heute – allerdings auf weit mehr Hektar als zu seiner Gründung, auf nämlich fast vierundzwanzig – die möglichst größte Vielfalt an lebendigen Pflanzen aus aller Welt gezeigt und erhalten.

Dieser nach dem Herbarium von Tournefort gestaltete Garten ergänzt wunderbar die anderen, unzähligen unterschiedlichen Gärten und Themenschwerpunkte, die den Jardin des Plantes bilden: Über zweitausend alpine Pflanzen, über dreihundert Rosenarten, Iris, Früchte, Gemüse, Heilkräuter, Carrés mit bestimmten Sichtachsen *à la française*, romantische englische Gärten in diesem einmaligen Pariser Großgarten mit tausenden von Bäumen, darunter viele über Hundertjährige.

Florence sieht, dass die Gärtner mit Elan ihre Aufgabe angenommen haben und lässt sie werken. Sie wird sich noch den alten Ahorn anschauen, den Tournefort aus dem Orient mitgebracht hat: *L'érable de Crète* (*Acer orientalis*) wurde 1702 eingepflanzt. In seinem Schatten und an den Stamm angelehnt stand sie schon als junge Frau mit ihrem Verlobten. Nun ist ihr Gatte tot, ihre Tage verbringt sie hier im Jardin, mit Blick auf die Bibliothek, ihre frühere Arbeitsstätte. Geht sie nicht wie Rilke auf Dinggedichte-Jagd in die westlich gelegene, im Stil englischer Gärten angelegte *Ménagerie*, in das große Vogelhaus, in das im Stil des *Art déco* gebaute Vivarium oder in die *Fauverie*, wo zum ersten Mal in Frankreich eine – vom Pascha Ägyptens an Charles X. geschenkte – Giraffe ausgestellt wurde, so flaniert sie zum alten Ahorn, wo sie ihren ersten Kuss empfing. Die Landschaft drumherum ist kaum verändert, die Bäume sind größer geworden, gewiss. Doch der Charme dieses Gartens liegt in der Treue zu seiner Vergangenheit, das spürt Florence. Gegen 17.30 Uhr wird der Himmel dunkel, und sie geht in ihre Wohnung zurück, die im Südwesten des Gartens in der Rue Geoffroy-Saint-Hilaire liegt, und kocht sich einen Kräutertee.

Infos:
• *Jardin des Plantes,* 57 Rue Cuvier, 75005 Paris
Métro, RER: Ligne 5 Gare d'Austerlitz, Ligne 7 Censier Daubenton, Ligne 10 Jussieu oder Gare d'Austerlitz, RER C Gare d'Austerlitz
Zug: Gare d'Austerlitz oder Gare de Lyon
Batobus: Halt Jardin des Plantes.
Der *Jardin des Plantes* wurde schon 1640 für das Publikum geöffnet und ist es heute jeden Tag des Jahres von 7.30 Uhr bis ca. 18.30 Uhr. Eintritt frei, bis auf Glashäuser und Zoo.

Literaturhinweise:

Joseph Pitton de Tournefort, *Herbier historique*

Jules Michelet, *Meine Jugend*

Léon Daudet, *Paris vécu*

Victor Hugo, Gedicht des *Jardin des plantes*

Honoré de Balzac, *Das Chagrinleder*

Der älteste Baum von Paris:
Square René-Viviani

Die Frau im Kittel steigt auf eine Leiter. Die Madame hatte ihr am Morgen die Fenster gezeigt, die sie heute putzen soll, doch bevor sich Blanche an das erste Paar Flügelfenster macht, hält sie einen Moment inne. Das warme Sonnenlicht strahlt ihr ins Gesicht und gedankenverloren wandert ihr Blick hinunter in die kleine grüne Oase zu ihren Füßen. Der Square liegt ganz unprätentiös inmitten des Trubels der Quais, des Studentenviertels und der Touristenströme rund um Notre-Dame.

   Umrahmt von buschigen Lavendelsträuchern und natürlich gewachsenen Hecken steht in der Mitte ein hübscher Rosenbogen. Dahinter, etwas unscheinbar und wahrlich keine Schönheit mehr: der älteste Baum von Paris. Aus dem Jahr 1602 stammt die Robinie und ist in ihrem hohen Alter so gebrechlich, dass sie mit Holz, Eisen und Steinen gestützt werden muss. Der betagte Baum ist vermutlich der einzige Grund, warum sich Touristen überhaupt hierher verlieren, mit einem Reiseführer in der Hand. Im hinteren, etwas erhöhten Bereich des Gartens erstreckt sich über die ganze Breite ein Parterre im Schatten von Platanen, ruhig gelegen und von einem *gardien* bewacht. Wer sich hier auf eine der Bänke setzt, genießt die Ruhe und, abgeschirmt von der Geräuschwand der Quais, zur richtigen Stunde das Glockengeläut von Notre-Dame. Die älteste Kathedrale Frankreichs, in deren Nähe die tragische, weltbekannte Liebesgeschichte Abaelards mit Héloïse im zwölften Jahrhundert ihren Anfang nahm und die 2019 in Flammen stand, ist näher, als man denkt: Ein paar Pinakel, *chapitaux*, stehen im Garten, sie stammen von der alten Dame. Bei Restaurationsarbeiten wurden sie hier abgestellt und ihrem Schicksal überlassen.

Blanche steigt von der Leiter und verschwindet im Inneren der Wohnung, um wenig später, mit einem riesigen Tuch bewaffnet, erneut ans Werk zu gehen. Sie hat noch viel vor – die herrschaftliche Wohnung hat allein acht Räume nach vorne raus. Doch sie arbeitet gerne hier. Besonders in den Morgenstunden genießt sie den Blick von diesen Fenstern auf das kleine grüne Gartenstück, wenn Paris noch schlummert und der Verkehr noch nicht lärmt. Die wenigen Straßen haben dann fast etwas Dörfliches, nicht zuletzt wegen der Kirche im hinteren Teil des Gartens. Sie liebt diese kleine Kirche, nicht nur, weil sie Katholikin ist und hier ab und zu eine Kerze für ihre verstorbene Mutter anzündet. Immer nach der Arbeit sucht sie hier die Stille, die Einfachheit – aber vor allem: die kleine grau-weiß gestreifte Katze, die ständig durch die Kirche huscht. Gerne wüsste sie, wie sie heißt. Dafür weiß sie den Namen der Kirche, *Saint-Julien dit le Pauvre,* es ist eine der ältesten von Paris. Nach der Revolution wurde sie verstaatlicht und als Salzlager genutzt. Ab 1826 durften hier wieder Messen abgehalten werden, nahe der Kapelle, genau an der Kreuzung zweier römischer Straßen.

Mitten in die Schwüle des Frühsommers fängt es plötzlich an zu regnen. Blanche lässt sich davon zunächst nicht stören, unbeirrt wischt sie weiter über das Glas. Der Geruch feuchter Erde steigt aus dem kleinen Garten zu ihr empor. Doch der Regen wird heftiger, vertreibt noch den letzten Spaziergänger von den Bänken und lässt schließlich auch Blanche eilig die Fenster schließen. Sie steht noch eine Weile da und betrachtet durch die Scheiben den roten Regenschirm, der in der Mitte des Gartens aus geheimnisvollen Gründen einfach stehen geblieben ist.

Infos:
· *Square René-Viviani*, 2, Rue du Fouarre, 75005 Paris
Métro: Saint-Michel
Täglich geöffnet von 8.00 Uhr bis 17.00 Uhr. Eintritt frei.

Literaturhinweise:
Paul Éluard, *Dans Paris*
Abaelard, *Der Briefwechsel mit Heloisa*

SECHSTES UND SIEBTES ARRONDISSEMENT

Balzac im Morgenmantel: Träumereien im Jardin du Luxembourg

Ich konnte schon immer am besten lernen, wenn ich mich bewege. Als ich mir in den achtziger Jahren den Stoff meines Literaturstudiums einprägen musste, hatte ich dafür zwei Möglichkeiten. Entweder ging ich spazieren mit Vincent. Oder ich joggte mit Vincent.

Vincent ist mein Freund und Kommilitone mit Strubbelkopf und Lederjacke vom Flohmarkt Clignancourt. Mit ihm teilte ich meine täglichen Spaziergänge oder Laufrunden unter den hohen Bäumen des Jardin du Luxembourg – dem »Luco«, wie ihn Kenner und vor allem Studenten nennen. Vor den Klausuren am Ende des Semesters wich die Zeit der Vorlesungen und Notizen der Lernphase. Ich musste mir sämtliche Texte des literarischen Realismus samt Interpretationen einprägen – mich also sehr viel bewegen.

An jenem Tag gelingt es mir nicht, den lauffaulen Vincent zum Joggen zu überreden, und so wandeln wir plaudernd und flanierend wie einst Rousseau und Diderot durch den herbstlichen Luco. Ich stecke meine Hände tiefer in die Taschen, der Oktoberwind bläst mir um die Ohren und meine Füße wirbeln das Laub der Bäume auf, das sich neben dem Weg aufgetürmt hat. Dabei versuche ich, meinem geduldigen Zuhörer Balzacs oder Flauberts *poésie du quotidien*, Poesie des Alltäglichen, zu erklären und deren Willen, die Natur ohne Idealisierung darzustellen, allein mittels der Sprache. Vincent lächelt still vor sich hin, dann macht er mich auf die kahlen Bäume aufmerksam. Sie haben ihr Laub komplett abgeworfen: Kastanien, Platanen, Linden. Wie detailliert hätte Balzac sie wohl beschrieben?

Wer gern durch Alleen uralter Bäume wandelt, ist im Jardin du Luxembourg genau richtig. Viele der Bäume sind gekrümmt, vernarbt – und hätten so viel zu erzählen, wenn sie nur könnten. Was hat sich nicht alles auf dieser dreiundzwanzig Hektar großen grünen Lunge von Paris abgespielt … Ein Drittel der Bäume wurde vor 1900 gepflanzt, also noch zu der Zeit, als Balzac hier spazieren ging und in *Ferragus* das ganze Viertel so beschrieb: »Hier, Paris ist nicht mehr; und dort: Paris ist wieder da. Dieser Ort hat zeitgleich etwas eines Platzes, einer Straße, eines Boulevards, einer Festung, eines Gartens, einer Avenue, einer Trasse, der Provinz und der Hauptstadt; Sicher, da ist etwas von allem; aber es ist nichts Dergleichen: es ist eine Wüste.«

»In dieser Balzac'schen Wüste sind die Bäume nun gefährdet«, erklärt Vincent, »darum werden in den nächsten Jahren Hunderte von ihnen gefällt und ersetzt. Schau dich um: Heute sind siebzig Gärtner für das Wohl des Gartens im Einsatz. Sie unterhalten beheizte Gewächshäuser, in denen Pflänzlein aus Samen gezogen werden, die später in der Orangerie im nördlichen Teil des Jardin ein- oder umgetopft werden. Wenn die ganz großen Pötte – die Palmen, Zitronen- oder Orangenbäume – alle zehn Jahre umgetopft werden, ist das sogar der Pariser Tagespresse eine Nachricht wert. Es ist ja auch spannend: Denn im Jardin du Luxembourg dürfen dann nur die Pflanzen verbleiben, die durch die Tür der Orangerie passen, alle anderen werden ausrangiert.«

Ich ziehe Vincent sanft am Ärmel seiner Lederjacke von der Allee runter in die südwestliche Ecke des Jardin du Luxembourg und zeige ihm den Obstgarten aus dem siebzehnten Jahrhundert. Wie der Jardin als Ganzes hat auch er im Laufe der Geschichte einen Teil seiner Fläche verloren, um Gebäuden Platz zu machen. Wie schade, denn einst war er einer der berühmtesten Obstgärten Europas und genoss internationalen Ruhm. Als er 1789 wie viele andere »nationalisiert«, also verstaatlicht wurde, begann sein Schrumpfen. Zum Glück erinnerte man sich im Jahr 1866 seines früheren Ruhms und sorgte dafür, dass sich schließlich auf zweitausendeinhundert Quadratmetern tausend Bäume – dreihundertneunundsiebzig verschiedene Apfel- und zweihundertsiebenundvierzig Birnensorten – entfalten konnten. Wer hätte mitten in Paris eine solche Vielfalt erwartet?

Vincent und ich entdeckten an der Stelle der *pépinière*, der Baumschule des alten Kartäuserklosters, einen Ort, an dem alte Obstsorten gepflanzt, gehegt und dadurch bewahrt werden: Äpfel, Birnen, Feigen, Aprikosen, Pflaumen. Ein junger Gärtner mit Hut und braunen Gummistiefeln beschneidet gerade die Obstbäume und zäunt die Spaliere ein. Er ist sehr redselig, offenbar kommen bei dem Herbstwetter nicht so viele Spaziergänger vorbei, und die Arbeit eines Gärtners ist doch sehr einsam, denke ich. Mich fasziniert, dass die Gartenlehrlinge in der jahrhundertealten Schnitt- und Pflegekunst unterrichtet werden. Und auch, dass Profit offenbar keine Rolle spielt: Die Früchte werden am Ende verschenkt oder landen in den Obstkörben der Mitarbeiter des Senats. Denn der Senat – und nicht die Stadt Paris – ist seit 1879 der offizielle Besitzer des Gartens. Die Mitarbeiter im Oberhaus des französischen Parlaments genießen aber noch ein weiteres Bioprodukt aus dem Jardin, nämlich Honig. Schon Mitte des neunzehnten Jahrhunderts wurden hier Bienenstöcke aufgestellt und der Honig geerntet – bis große Umbauten die Imker vertrieben. Der Gärtner erzählt uns, dass die Bienenstöcke des Jardin du Luxembourg die ersten in Paris und somit Vorreiter waren für alle weiteren Imkertätigkeiten in der Hauptstadt. Die ersten Imkerschulen, die *rucher-écoles* der 1856 gegründeten *Société Centrale d'Apiculture*, standen hier. Vincent und ich nehmen uns vor, im späteren Herbst wegen des Honigs wiederzukommen, denn wer den Honig aus dem Jardin du Luxembourg kaufen möchte, kann ihn – nur im Herbst – in einer der Ausstellungen in der Orangerie erwerben.

»Es ist schon komisch«, sagt Vincent, »es wirkt, als würde es den Luco schon immer geben, schließlich sind die Bäume über zweihundert Jahre alt. Wie kurzsichtig – liegt doch eine halbe gallo-römische Stadt unter unseren

Füßen!« Später wurden hier Felder bestellt und Weinreben gepflegt, bevor das Kloster des Ordre des Chartreux
hier mit seinen Nebengebäuden, Mühlen und Plantagen
dafür sorgte, dass der erste Garten entstand. Wie schade, dass die Revolution dazu führte, dass das Kloster sowie auch die Kirche aus dem dreizehnten Jahrhundert
weichen mussten.

Der klassizistisch-gekünstelte Garten geht auf Marie
de Médicis zurück, die sich im Jahr 1612 zum Palais du
Luxembourg einen Garten italienischen Stils wünschte.
Ihr Garten wurde eine wilde Schönheit, gezähmt durch
Terrassen, Parterren und Springbrunnen – alles erinnert
an die italienische Herkunft der Erbauerin. Das Wasser
wurde damals umständlich über ein steinernes Aquädukt
aus Rungis südöstlich von Paris geholt, heute befinden
sich dort die großen Markthallen. Die Fontäne Médicis
schmückte sich sogar mit optischen Illusionen und Skulpturen, bis heute gilt sie als einer der romantischsten Orte
von Paris. Das wundert mich etwas angesichts der vielen
Jogger, die hier ihre Runden drehen, oft direkt am Zaun
entlang, um die Größe des Parks ganz auszunutzen, vorbei an der Fontäne, dem sprudelnden Wasser, an den
Alleen mit ihren Blumen, vorbei an der Orangerie, den
Statuen wie der von George Sand in ihrem untypischen
Kleid, vorbei an den Bienenstöcken und Birnenspalie-
ren.

Vom ursprünglichen Plan des Gartens ist heute bis
auf die Fontäne nicht mehr viel übrig. Damals nach der
Eröffnung waren es die gutsituierten Bürger – Literatur-

und Kunstbeflissene aus den nahen Universitäten, Ordensleute – sowie die Kindermädchen, die sich einen der grünen Stühle gegen einen kleinen täglichen Obolus bei der *chaisière* oder *loueuse de chaises* ausliehen. Aus schwerem Eisen und Holz waren die in hellgrünem Olivton gehaltenen Sitzgelegenheiten. Zwanzig *sous* kostete ein Stuhl 1920, danach zwanzig *centimes*. Erst ab 1974 waren sie kostenfrei. Die Stühle gab es in verschiedenen Komfortklassen. So hatte der *fauteuil* Holzarmlehnen. Das Modell *sénat* war noch etwas bequemer und natürlich auch teurer – so dass man die gutbetuchten Pariser daran erkennen konnte, auf welchem Stuhl sie saßen.

Balzac, Baudelaire, Hemingway, Hugo, Lamartine, Musset, Sand, Sartre, Verlaine – sie alle schlenderten zu Lebzeiten durch den Park. Wie Rousseau und Diderot heute im Luco zu schlendern, heißt auch: an hundertsechs Skulpturen, neununddreißig davon Künstlern gewidmet, vorbeizugehen. »So viel Stein in einem Garten«, sagt Vincent. Ich möchte ihm sofort widersprechen. Natürlich gibt es viel Marmor, aber doch auch Bronze – wie etwa an der Kopie der Freiheitsstatue nach Bartholdi, entstanden um 1843 unter Louis Philippe – und vor allem: viel Grün! Aber eigentlich hat Vincent recht. Es sind hundertsechs Skulpturen! Mit der Begründung, dass doch so viele Schriftsteller hier lebten, hat man die Statuen so großzügig über den Garten verstreut wie Vogelfutter an kalten Wintertagen. Es heißt, dass die Skulpturen immer abends, wenn die Luco-Gitter geschlossen werden, anfangen, miteinander zu sprechen.

Bis zum Abend ist es aber noch etwas hin. Am *kiosque à musique*, der fast kreisrunden Plattform mit den dunkelgrünen Eisensäulen aus dem Jahr 1888, wird immer im Sommer nachmittags Musik gespielt, vielleicht haben wir Glück und der Herbst schenkt uns noch ein Konzert. Wenn es meine Zeit erlaubt, setze ich mich gern auf eine der Bänke oder einen der für den Park typischen grünen Stühle und lausche der Musik. Die Stühle sind heute übrigens nicht mehr aus Eisen, sondern aus Aluminium. Der Senat, der für die Möblierung des Parks zuständig ist, wollte es der Pariser Bevölkerung leicht machen und sie nicht länger mit den unbeweglichen, schweren Bänken konfrontieren. Die Stühle gibt es mittlerweile nicht nur in Grün, sondern in über zwanzig Farbtönen; sogar die Harvard Universität hat einige in Rot und Grün für ihre eigenen Gärten bestellt.

In der *pièce d'eau*, dem zentralen Wasserbassin, wurden direkt nach der Fertigstellung Dutzende Wasserschildkröten ausgesetzt. Heute sucht man sie vergeblich. Dafür tummeln sich einige um das Wasser herum. Vincent erinnerte mich an die im Seminar der Sorbonne auswendig gelernte Stelle aus dem Journal des belesenen englischen Autors und Gartenbauers John Evelyn von 1644 und zitiert meiner Meinung nach recht frei: *Schöngeister und Mönche, Studierte und Studenten, liegend oder schlafend. Andere rennen oder hüpfen, spielen Boule oder mit dem Ball, singen oder tanzen oder machen Musik.*

Schön, dass damals wie heute der Eintritt frei ist für so viele Aktivitäten. Und schön, dass, noch mehr wie in den Tuilerien oder den Champs, der Luco, den seit jeher Studentengruppen und Kindercliquen bevölkern, ein Garten für alle ist.

Am nächsten Tag drehe ich mit Vincent meine Joggingrunde an den Außengrenzen des Jardin. Wir sind nicht die Einzigen. Wer nicht spaziert oder läuft, spielt Tennis, Schach oder Boule, macht Tai-Chi oder Yoga, im Sommer reiten Kinder auf Ponys. Es gibt Musiker und Verkäufer. Der Schriftsteller André Gide erinnerte sich an die grün gestrichene alte Holzbaracke des *Père Clément*, vor der er in blauer Schürze Murmeln, Kreisel, Minze- und Lakritzstangen verkaufte.

Beim Laufen wechseln ständig die Perspektiven, wir drehen Schleifen, laufen mal innen, mal außen. Und am Ende ziehen wir uns jeder einen der grünen Stühle in Position, ihre Beine schleifen geräuschvoll durch den Kies. Angenehm erschöpft sinke ich nieder und lasse meinen Blick über die leeren Stühle vor mir schweifen, die von ihren Benutzern unachtsam zurückgelassen wurden. Da, die beiden, die so eng aneinander stehen, dass sich ihre Armlehnen fast verhaken – das müssen Verliebte gewesen sein. Da, die drei, die sich um eine unsichtbare Mitte gruppieren – eine kleine Studentengruppe in eifriger Diskussion vielleicht? Oder nutzte hier ein Pärchen den dritten Stuhl gemeinsam für die Füße – früher hätte man sich dafür übrigens vor der *loueuse de chaises* rechtfertigen müssen, weil man statt einem Stuhl zwei benutzte. Dann wieder ein einsamer Stuhl mit Blick auf den Palais du Luxembourg. Wer mag dieser Mensch gewesen sein, der die Perspektive auf den *méridien* von Paris genoss, und was hat er gedacht? War er wie Victor Hugo, der vom Jardin du Luxembourg in *Les Misérables* vom *jardin charmant*, dem charmanten Garten, sprach und sowohl die wie Parfum duftenden Blumen – Lilien, Nelken, Tulpen, Maiglöckchen, Jasmin – als auch dessen Vögel pries – Grasmücken, Schwalben, Sperlingsvögel, Krähen oder Spechte, die zusammen mit dem Summen der Insekten und dem Zittern des Windes tausend Musiken bildeten? Oder war er wie Balzac, den ich vor mir sehe, wie er nach dem Abendessen mit George Sand – Rindfleisch, Melone und Champagner *frappé* – aus seinem kleinen Haus auf die *Rue Cassini* tritt, in einen Morgenmantel gehüllt und mit einem Kerzenleuchter in der Hand, weil er sie ein Stück begleiten will. So fröhlich und aufgekratzt, wie er ist, hätte er sie bis ans Ende der Stadt gebracht, wird George Sand später notieren. Doch am Zaun des Jardin du Luxembourg trennen sich ihre Wege. Wir schreiben das Jahr 1831. Viele Figuren aus der *Comédie humaine*, der *menschlichen Komödie*, hat Balzac hier im Viertel platziert, manche sogar heftig im Jardin du Luxembourg streiten lassen, wie etwa den jungen Rastignac.

Vincent und ich streiten nie. Wir unterhalten uns viel und lange, danach schweigen wir. Auch jetzt hängt jeder seinen Gedanken nach. Denn auch das kann man gut im Jardin du Luxembourg: Schweigen.

Infos:

· *Jardin du Luxembourg*, Place Edmond Rostand, Place André Honnorat, Rue Guynemer und Rue de Vaugirard, 75006 Paris.
Métro: Luxembourg
Täglich geöffnet im Sommer von 7.30 Uhr bis 21.30 Uhr; im Winter von 8.15 Uhr bis 17.00 Uhr. Eintritt frei.

Literaturhinweise:

Honoré de Balzac, *Ferragus*
André Gide, *Die Falschmünzer*
John Evelyn, *Sylva, or Discourse on Forest Trees*

Entdeckung eines Entdeckers: Jardin des Grands-Explorateurs

Es fällt mir wie Schuppen von den Augen, als ich an jenem Sommermorgen auf dem Weg zur Arbeit mit meinem Kollegen Laurent durch den Jardin des Grands-Explorateurs laufe. Auf einer gigantischen Verkehrsinsel mitten auf der Avenue de l'Observatoire erstreckt sich der Garten über zwei Hektar und bildet somit die Verlängerung des Jardin du Luxembourg. Jardin des Grands-Explorateurs Marco-Polo et Cavelier-de-la-Salle – so der vollständige Name. Denn die grüne Oase ist zwei Abenteurern und Entdeckern gewidmet, von denen der eine weltweite Bekanntheit erlangte, der andere hingegen nicht. De la Salle! Jetzt erst verstehe ich. So hieß nämlich auch die kleine Straße, in der ich im Westen von Paris gegenüber von Schloss Saint-Germain-en-Laye aufwuchs, und schon immer hat mich der Name neugierig gemacht. Welcher Saal ist damit gemeint, fragte ich mich als Kind. Oder welche historische Figur verbirgt sich dahinter?

Dieser de la Salle also! Der Abenteurer des siebzehnten Jahrhunderts bereiste, unterstützt von König Louis XIV, unter anderem Nordamerika – auf der Suche nach weiteren Territorien für Frankreich und einem neuen Weg nach China. Während ich mir den Kopf über die Zusammenhänge – de la Salle, Louis XIV und Saint-Germain-en-Laye – zerbreche, passieren wir die vier Statuen, wel-

che die Tageszeiten symbolisieren: *La Nuit* (die Nacht, von Charles Gumery), *le Crépuscule* (der Sonnenaufgang, von Gustave Crauk), *le Jour* (der Tag, von Jean-Joseph Perraud) und *l'Aurore* (das Abendrot, von François Jouffroy). Laurent schlendert gedankenverloren auf den Springbrunnen im Süden des Gartens zu, auf die *Fontaine des Quatre-Parties-du-Monde*. Vier nackte Frauen schultern eine Himmelskugel mit der Erde in ihrem Zentrum. Dabei steht jede Frau für einen Erdteil: Afrika, Amerika, Asien und Europa.

»Na, da fehlen ja ein paar«, stellt Laurent augenzwinkernd fest und betrachtet das Wasserspiel mit den Frauenfiguren, den Muscheln und Wasserpflanzen auf dem Sockel, den acht Hippokampen – vorne Pferd, hinten Fisch – und den wasserspeienden Fischen und Schildkröten unten im Bassin. Ein Wasserspektakel für die Sinne, eine herrliche Erfrischung im schon jetzt stickigen, sommerlichen Paris. Nachher kommen wir wieder, um im Schatten der Kastanien unsere Mittagspause zu genießen.

Infos:
· *Jardin des Grands-Explorateurs Marco-Polo et Cavelier-de-la-Salle*, Avenue de l'Observatoire, 75006 Paris
Métro: Port-Royal oder Luxembourg
Täglich geöffnet von 8.00 Uhr bis 21.30 Uhr. Eintritt frei.

Ein botanischer Garten zum Lernen: Jardin botanique de la Faculté de Pharmacie de Paris

Arnold ist Lehrling in der großen Kräuterhandlung in der Rue d'Amsterdam. Die *Herboristerie de la Place Clichy* wurde 1880 eröffnet und gilt als die beste Kräuterhandlung Frankreichs, über neunhundert verschiedene Kräuter, Tinkturen, Öle, Heilpflanzen, Färbemittel und Tinkturen gibt es hier zu kaufen. Oft stehen die Pariser schon morgens vor dem Laden Schlange und warten, bis er seine schönen, alten Türen öffnet. Den meterhohen Holzregalen haftet reichlich Patina an, darin lagern Pflanzen aus tausendundeiner Nacht und vor allem aus aller Herren Länder. Madagaskar, China, Mali … Arnold muss alle Pflanzen kennen, er muss wissen, wie sie aussehen, wie sie riechen, wie sie schmecken, wie sie wirken – und wie sie auf Lateinisch heißen. Daher geht er seit zwei Jahren heimlich zum Lernen in den Jardin botanique de la Faculté de Pharmacie, einen Garten, der seit 1884 ausschließlich den Studenten der Fakultät zur Verfügung steht. Seine erfahrenen Kollegen wissen nichts davon, und so soll es bleiben. Es ist ihm etwas peinlich.

An diesem Samstagmorgen treffe ich Arnold in der Avenue de l'Observatoire an der Grenze zwischen dem 6. und 14. Arrondissement. Dem schönen Jardin des Grands-Explorateurs kehren wir den Rücken und gehen durch die Hausnummer 4 hinein, um wenig später in einem kleinen, versteckten, etwas vernachlässigten Garten zu stehen. Arnold wundert sich jedes Mal, dass man hier einfach so reinkann. Ich liebe botanische Gärten und bin sofort begeistert. Denn zum ersten Mal bin ich in einem, der nicht für das Publikum angelegt wurde, keine Schönheit darstellt, sondern von Anfang an der Ausbildung von Apothekern diente.

Schon 1628 gab es den ersten *Jardin botanique* an der École de Pharmacie de Paris, in der Rue de l'Arbalète. Als im Jahr 1882 die *École supérieure de pharmacie* auf das Grundstück des früheren Kartäuserklosters zog, legte man diesen Garten auf achttausend Quadratmetern mit zahlreichen Gewächshäusern – sie stammen zum Teil aus den Ateliers von Gustave Eiffel – und Becken für Wasserpflanzen an. Doch von der früheren Anlage ist nicht mehr viel erhalten. Die Gewächshäuser, von denen manche bis zu fünfhundertvierzig Quadratmeter groß waren, wurden in den sechziger Jahren halbiert, um Platz für neue Gebäude zu schaffen. Von den Wasserbecken ist nur noch eins übrig. Darin schwimmen Seerosen, Fische und Enten, ein paar Frösche quaken.

Arnold holt sein schwarzes Notizbuch aus der Tasche und beginnt mit seinem Rundgang. Für ihn wie auch für die Pharmaziestudenten ist es wichtig zu lernen, welche Pflanzen toxisch sind. Über vierhundert Pflanzen, die sonst der wissenschaftlichen Forschung dienen, kann er hier im Garten betrachten. Er nimmt die kleinen Wege zwischen den Rabatten, vorbei an Hochstämmchen, die an Eisenrundbögen hochklettern, und geht in die Ge-

wächshäuser, die sonst nur während der Führungen für das Publikum geöffnet sind. Arnold weist sich als Student aus.

Es gibt ein Gewächshaus für tropische Pflanzen, ein unbeheiztes Gewächshaus, eines für Rosen, Papayas, Bananenbäume, Kaffeebäume, Hibiskus, Orangenbäume, Baumwollbäume und Riesenbrennnesseln. Dahinter stehen, etwas verwittert, ein Gewächshaus für Begonien und *piléas* sowie eines für Orchideen und Farne, *croton, médinilla* und *anthurium*. Arnold spielt verträumt mit seinem schwarzen Bleistift und schiebt ihn gedankenverloren zwischen Nase und Oberlippe, so dass der Stift einen Schnurrbart imitiert. Er rümpft die Nase und blickt nach oben auf die unzähligen ziegelroten Schornsteine über den grauen Dächern der angrenzenden Gebäude, die in Reih und Glied stehen wie kleine Wachsoldaten. Dann schaut er wieder runter auf die Pflanzen mit ihren Schildchen, von denen zum Teil die Farbe blättert. Arnold fällt auf, dass manche falsch gesteckt sind. Für die Erstsemester im Studium ist es doch wichtig, dass die Schilder richtig stehen, denkt er sich und tauscht manche um. In seinem blauen Kittel – die weißen sind den fertigen Lehrlingen vorbehalten – könnte man meinen, er gehöre zum Inventar des Jardin botanique de la Faculté de Pharmacie.

Auf dem Rückweg zur *grande herboristerie* geht Arnold noch in die *Hall d'honneur*, die große Halle der Fakultät mit ihrer kleinen Sammlung an Bildern von Pflanzen und Blumen. Hier wird auch an Léon Guignard erinnert, der den von Adolphe Chatain eingerichteten Garten umgestaltet und ihm maßgeblich das heutige Aussehen gegeben hat. Noch in der *Hall d'honneur* kann man den Garten riechen, es duftet nach gesunden Kräutern. Wer würde sich da nicht gern in einen Hexenmeister oder Zauberlehrling verwandeln, der in großen Töpfen wirksame Tinkturen anrührt? Arnold dreht sich ein letztes Mal um, dann muss er zur Arbeit. In der *grande herboristerie* sind neue Pflanzen und Obstblätter eingetroffen und warten darauf, in kleine Papiertüten gefüllt zu werden.

Infos:
· *Jardin botanique de la Faculté de Pharmacie de Paris*, 4 Avenue de l'Observatoire, 75 006 Paris; Eingang durch das Tor gegenüber 102 Rue d'Assas
Métro: Luxembourg oder Port-Royal.
Täglich geöffnet. Führungen donnerstags zwischen 14.00 Uhr und 16.00 Uhr, mit Voranmeldung. Eintritt frei.
· *Herboristerie de la Place de Clichy*, 87 Rue d'Amsterdam, 75008 Paris
Métro: Place de Clichy

Literaturhinweis:
Léon Guignard, *Guide de l'étudiant au jardin botanique*
(Das Buch aus dem Jahre 1890 ist immer noch Pflichtlektüre für die Studierenden der Pharmazie.)

Die Stille finden:
Im Klostergarten Catherine-Labouré

Eigentlich ist es den Nonnen mit dem schönen Namen *Filles de la Charité de Saint Vincent de Paul* zu verdanken, dass Jean-Marc und sein Gärtnerkollege Jean-Pierre heute mitten in Paris in der Erde buddeln und Tomaten pflanzen. Die internationale Gemeinschaft der Filles de la Charité wurde durch Saint Vincent de Paul und Sainte Louise de Marillac im Jahr 1633 gegründet. Das Kloster mit seinem versteckten Gemüsegarten hinter den langen Mauern war ein Ort des Gebetes, des Rückzugs, des *pèlerinage*. Hier erschien einer jungen Nonne aus dem Burgund, Catherine Labouré (1806-1876), einst die Jungfrau Maria. 2002 öffneten ihre Nachfolgerinnen den großen Klostergarten des Mutterhauses der Töchter der christlichen Liebe – *maison mère, le Jardin du Potager* genannt – dem Publikum. Für Nachbarn, Anwohner, Ruhesuchende und zufällig Hineinstolpernde verbreitet er seitdem seinen ganz eigenen, ruhigen Charme.

Die Fenster des Klosters gehen auf den sonnendurchfluteten, weiträumigen Garten zu, der sich über siebentausend Quadratmeter erstreckt und es auf ganz besondere Weise schafft, Spiritualität in einen Ort zu bringen. Neben den weiten Grünflächen, die bis auf die Winterpause für Spaziergänger zugänglich sind, liegt der in Kreuzform gestaltete Klostergarten. Er grenzt an die mit Schiefer gedeckte und schön restaurierte Kapelle mit ihrem spitzen Turm an und erinnert – mit seinen Zugängen zu sämtlichen wichtigen Teilen des Klosters wie der Bibliothek, der Kapelle und der Küche – an die ursprüngliche, kommunikative Funktion des Klostergartens. Romantische Blumenrabatten umrahmen vier große Carrés. Hochgewachsene Linden rascheln im Wind und mögen dem einen oder anderen Besucher, der hier Yoga oder Qigong übt, wie eine Meditationsmusik erscheinen. Auch eine Gartenschule und eine Naturschutzorganisation (CPN Val de Seine) haben sich eingerichtet und knüpfen an den ursprünglichen Zweck dieser Pariser Grünfläche an.

Mittwochnachmittags, wenn die Schülerinnen und Schüler in Frankreich frei haben, gibt es pädagogische Angebote: Jean-Marc und Jean-Pierre legen dann mit ihnen Samen in alte Blechdosen oder Plastikflaschen aus, stellen Vogelscheuchen und Nistkästen auf, bauen Insektenhotels und Herbarien, schneiden Weinreben, setzen Stecklinge oder pflanzen, wie heute, Tomaten. Dabei achten sie auf Biodiversität sowie die sparsame Nutzung des Wassers und geben den Kindern ganz nebenbei Unterricht in Klimaschutz und Abfallvermeidung.

»Zehn verschiedene Tomatensorten in Kästen gepflanzt«, vermeldet Klostergärtner Jean-Pierre nicht ohne Stolz sein Tagwerk und erhebt sich, um Stöcke aufzustellen, an denen die Pflanzen später Halt finden. Dann schüttelt er sich die »gute, dunkle Tomatenerde«, wie er seine eigene Erdmischung nennt, von den Händen und klopft sie von seiner ledernen Gartenschürze ab, um sich anschließend mit Jean-Marc auf eine der typischen grünen Holzbänke im Schatten der Obstbäume zu setzen und kräftig durchzuatmen. »Ich liebe diese Holzbänke. Früher gab es im Klostergarten vorwiegend Bänke aus Stein«, sagt Jean-Marc und streichelt mit seinen rauen Händen über das unter mehreren Farbschichten versteckte Holz. »Jetzt sitzen wir da wie zwei Alte in typischer Gärtnerunterhaltung«, sagt er lachend. »Um die Spalier-Apfelbäume, also *en cordon*, die mit Buchenhecken, Ginster und Weiden in trauter Harmonie und Nachbarschaft leben, müssen wir uns bald kümmern«, erklärt er, und es klingt, als wäre es sein eigener kleiner Garten. Dabei gehört er doch allen hier im Viertel, so auch den fröhlich auf Holzstämmen herumkletternden Kindern auf dem Spielplatz des Jardin. Alles geht gesittet zu in dieser gutbürgerlichen Nachbarschaft, in der der Garten augenscheinlich von allen gewollt und von vielen liebevoll gestaltet wurde.

Eine Nonne eilt an Jean-Marc und Jean-Pierre vorbei, hält inne, rafft den schweren Stoff ihrer schwarzen Kutte und setzt sich schließlich zu ihnen. Die beiden Klostergärtner sprechen gerade über den *jardin* in Literatur, Religion und Mythologie: der Garten als Symbol des irdischen Paradieses, des Kultivierten gegenüber dem Wilden, des Strukturierten und Geordneten gegenüber dem Ungeordneten ... Jean-Pierre schaut kurz zur Nonne rüber. Sie hat die Hände im Schoß gefaltet, ihr Blick wandert zu drei jungen Frauen, die eine Picknickdecke auf dem Rasen ausgerollt haben. Ist deren Lachen ihr zu laut in der ursprünglichen Stille des Klostergartens? Jean-Pierres Blick bleibt an den Reben hängen, die von einer Pergola schwungvoll Besitz ergriffen haben. »Bald müssen wir sie schneiden und mit Holztäfelchen versehen. Und wir müssen an die Doppelreihung der Johannisbeer- und Haselnusssträucher denken«, unterbricht er Jean-Marcs philosophische Ausschweifungen.

Die Nonne mischt sich in ihre Unterhaltung ein: »Ich suche nach den typischen Zeichen des sogenannten *Hortus conclusus,* des geschlossenen Gartens, die man so oft auf Kunstwerken sieht. Wie etwa bei der Stuppacher Madonna, die Matthias Grünewald um 1516 malte.«

Jean-Marc fällt auf, dass sie den Namen des deutschen Renaissance-Malers für eine Französin erstaunlich gut ausspricht. »Na, ein Paradiesgärtlein, Sie wissen doch, wie das Gemälde aus dem fünfzehnten Jahrhundert, in dem die lesende Maria und das Jesuskind umringt von Engeln und Heiligen und inmitten vieler Pflanzen im geschlossenen Garten sitzen. Hier müssten eigentlich Walderdbeeren, Veilchen, Lilien, dornenlose Rosen und Iris stehen. Aber wo sind die?« Jean-Marc und Jean-Pierre schauen sich ratlos an.

Die Nonne erklärt: »Sie haben doch eben erst über den Garten als Symbol gesprochen. Und das Mittelalter war reich an Symbolen. Der Garten sollte an das verlorene Paradies erinnern, er stand für Perfektion. Gerade im Klostergarten symbolisierte das Viereck oder die Zahl vier das Irdische: vier grüne Carrés für die vier Elemente, die vier Evangelien oder die vier Jahreszeiten. Sie

sehen ja, hier im Jardin Catherine-Labouré sind zumindest noch die vier Grünflächen vorhanden. Und in der Mitte, sehen Sie, ein Kreuz. Hier stand eindeutig ein ›offener‹ Klostergarten, als offenes Buch in jede Himmelsrichtung, in dem man die Natur als Basis der eigenen Spiritualität beobachten konnte.« Die Nonne wendet sich an Jean-Pierre, der offenbar einen besseren Gesprächspartner abgibt als sein kräftiger Kollege. »Sie kennen doch sicher den irischen Mönch Saint Fiacre aus dem siebten Jahrhundert?«

Jean-Pierres Gesicht hellt sich auf: »Natürlich, der Schutzpatron der Gärtner und Blumenhändler, ihn feiern wir immer am 30. August.«

»Nun«, ergreift die Nonne wieder das Wort, »er verband als erster Garten und Gebet miteinander. Im neunten Jahrhundert legte Karl der Große im *Capitulaire de Villis* fest, welche Pflanzen in einem Klostergarten anzupflanzen sind. Es wurden achtundachtzig Pflanzen beschrieben: für die Medizin, für die Körperpflege, für die Küche ... Und dann Hildegard von Bingen ...« Die zwei Klostergärtner nicken zustimmend und wünschen sich heimlich zurück zu ihrer Tomatenerde.

Tipp:
Die *Chapelle Notre-Dame de la Médaille Miraculeuse*, 140 Rue du Bac, lohnt einen kleinen Abstecher. Hier liegt Catherine Labouré aufgebahrt, der 1830 die Heilige Jungfrau erschienen sein soll. Nach ihr wurde der Garten benannt.

Infos:
· *Jardin Catherine-Labouré,* 29 Rue de Babylone, 75007 Paris
Métro: Sèvres-Babylone
Täglich geöffnet von 8.00 Uhr oder 9.00 Uhr bis ca. 21.30 Uhr.
Eintritt frei.

Kunst-, Handschriften- und Literaturhinweise:

Matthias Grünewald, *Stuppacher Madonna,* um 1516, Kapelle an
  der Pfarrkirche Mariä Krönung in Bad Mergentheim-Stup-
  pach (Franken).
Capitulare de Villis, eine Handschrift u. a. über Pflanzen, Bäume
  und Kräuter aus dem Jahr 812, aufbewahrt in der Herzog August Bibliothek in Wolfenbüttel
Hildegard von Bingen, *Das Buch von den Pflanzen*
Mönch Saint Fiacre, Heiliger der Gärtner, wird am 30. August
  gefeiert

Der Garten als Atelier:
Gärten der Museen Rodin, Zadkine und Bourdelle

Meine Hände streicheln über das glatte Holz des Liegestuhls, während mein Blick in dem tiefblauen Himmel über Paris versinkt, in den ein paar Flugzeuge schwungvoll weiße Striche malen, als wäre er eine Leinwand für abstrakte Kunst. Auf der Suche nach den Liegestühlen bin ich an Rodins berühmten Skulpturen vorbeigelaufen: *Die Bürger von Calais*, *Das Höllentor* und, natürlich, *Der Denker*. Schon zu Lebzeiten hat Rodin, der 1908 sein Atelier hierher in das Hôtel Biron verlegte, ein paar seiner Werke in den Garten gestellt und ihn wie ein Schatzkästchen für seine schönsten Schmuckstücke genutzt. Doch im Gegensatz zu dem Stein hat Rodin das Grün nicht in Form gebracht. Bewusst nicht: Rodin liebte es, mit seinen langen Malergewändern durch das hohe Gras zu schlendern. Es gab ihm hier, mitten in Paris, das Gefühl, auf dem Lande zu sein, wie etwa in Meudon, in seinem Haus im Südwesten zwischen Paris und Versailles, das er die meiste Zeit des Jahres bewohnte. Ich versuche mir den wilden Garten vorzustellen und verstehe allmählich, warum Rodin sich hier wohlfühlte. Und warum Ossip Zadkine (1890-1967), der weißrussisch-französische Maler und Bildhauer des Kubismus, sich später von diesem Jardin de sculptures du Musée Rodin inspirieren ließ.

Wie schade, dass von der damaligen Wildnis heute nichts mehr zu sehen ist. Der Rasen ist gemäht, die Rabatten sind gepflegt. Drei Hektar ist der Skulpturengarten Rodins groß. Er verteilt sich auf einen Rosengarten, in dem man vor allem jetzt im Frühling herrlich spazieren kann, und auf eine große Fläche im Süden mit einer Terrasse und einem Laubengang mit drei großen Rundbögen. Die Bögen korrespondieren mit der dreigeteilten Fassade des Hôtel Biron und zeigen die Raffinesse, mit der man bei der Renovierung 1993 ans Werk gegangen ist. Damals wurden auch die Themenwege angelegt. So konnte ich mich im Parcours »Orpheus' Garten« auf die Entdeckung von *Orphée implorant les dieux* begeben und im »Garten der Quellen« Hinweisen folgen, die natürlich immer mit Wasser zu tun hatten.

Jetzt, im Liegestuhl, kreisen meine Gedanken um die Glaubensschwestern um Mère Madeleine Sophie Barat, die Gründerin der *Société du Sacré-Cœur de Jésus*, die Anfang des neunzehnten Jahrhunderts in das Hôtel Biron einzogen. Das Gebäude wurde 1732 für einen Finanzmann gebaut. Die Struktur des klassischen französischen Gartens bewahrten sie zwar, veränderten aber vieles. Aus dem *jardin à la française* mitten in Paris wurde ein Gemüse- und Obstgarten. Wasserbecken wurden zugeschüttet, um Platz zu schaffen für Kapellen und Marienstatuen. Und dort, wo heute die berühmten Skulpturen Rodins stehen, grasten Schafe und Kühe. Um die Jahrhundertwende mussten die Schwestern das Anwesen aufgeben und überließen es den zahlreichen Künstlern,

die hier einer nach dem anderen zur Miete einzogen. Wer hat nicht alles im Hôtel Biron gewohnt! Der Schriftsteller Jean Cocteau, der Maler Henri Matisse, die Tänzerin Isadora Duncan, die Bildhauerin Clara Westhoff, die Ehefrau des Dichters Rainer Maria Rilke, durch den Rodin den Ort schließlich kennenlernte. Eine bunte Bohème inmitten eines wilden Gartens fand er vor – und mietete sogleich vier große Räume im Erdgeschoss mit direktem Zugang zur Südterrasse.

Rodin inspirierte viele Künstler seiner Generation. Auch Zadkine bewunderte ihn, wie er selbst einmal schrieb. Doch gehörte er nicht zu denen, die sich beeinflussen ließen. In seiner Kunst wählte der Bildhauer des Kubismus seinen eigenen Weg. In seinem Garten, der unweit dem Rodins in einem kleinen, grünen Innenhof nahe des großen Jardin du Luxembourg liegt, könnte so manche Idee von Rodin stammen. Vor allem die, den Garten als Verlängerung des Ateliers zu sehen. Zwar war das Licht in Zadkines Atelier in der Rue d'Assas, wo er von 1928 bis 1967 lebte, mit seinen weißen Sprossenfenstern optimal für die Arbeit an seinen Skulpturen, dennoch zog es ihn bei schönem Wetter unter den freien Himmel: Nach dem Vorbild Rodins gestaltete er sich vor seiner Werkstatt jenen kleinen Garten, anders als Rodin pflegte er ihn aber. Besuchern zeigte er gern den einen oder anderen Strauch, vor allem seinen heiß geliebten Hagedorn. Farne, Alpenveilchen und Hortensien, die den Eindruck eines Unterwaldes schufen, rundeten sein Ensemble ab. Er liebte dieses kleine, idyllische Refugium, das er der Kunst und der Natur widmete. Es war sein stiller, ruhiger, charmanter, zurückgezogener Ort, ein *lieu confidentiel* – hier konnte er schaffen, seiner Imagination freien Lauf lassen.

Ab und zu nahm Zadkine seine Schüler mit in den Garten, die sich dann von lebenden Modellen inspirieren lassen durften, etwa einer Frau mit einem Fahrrad – wobei in der Gestaltung keinerlei Realismus erlaubt war. Ob schwierige Aufgaben wie diese dazu führten, dass die Schüler ihren Lehrer mit einem kleinen, krächzenden Hahn verglichen? Oder lag das doch eher an seiner hageren, sehnigen Gestalt?

Viel ist übriggeblieben von Zadkines Geist in jenem Garten, durch den ich nun spaziere, vorbei an seinen großen, überdimensionalen Figuren, die denen Rodins so wenig ähneln. Zadkine unterrichtete mit anderen polnischen und russischen Künstlern der folgenden Generation an Malern an der *Académie de la Grande Chaumière*, einer Kunstschule, der unter anderen Giacometti angehörte. Dort verkehrten und arbeiteten auch Schüler Rodins. Émile-Antoine Bourdelle war einer von ihnen. Er hat sich ebenfalls vom Atelier-Garten-Konzept Rodins inspirieren lassen und ein Gebäude entworfen, in dem er sowohl draußen als auch drinnen arbeiten und seine Bronzefiguren unter freiem Himmel platzieren konnte. Im heutigen Musée Bourdelle findet man unzählige seiner Skulpturen – da gehe ich als Nächstes hin.

Tipp:

Hätte Rodin sein Haus in Meudon nicht besessen und dort seine letzte Ruhe gefunden, läge er heute wie Zadkine und Bourdelle auf dem *Friedhof Montparnasse* begraben. Hier kann man in Stille spazieren gehen, vorbei an den Gräbern berühmter Existentialisten wie Beauvoir und Sartre, Verlegern wie Hachette und Flammarion oder Sängern und Schauspielern wie Serge Gainsbourg und Mireille Darc. Der im neunzehnten Jahrhundert noch außerhalb der Stadtgrenzen gelegene Friedhof ist zwar weniger bekannt als der Friedhof Père Lachaise oder der Friedhof Montmartre, aber nicht minder schön.

Friedhof Montparnasse, 3 Boulevard Edgar Quinet, 75014 Paris
Métro: Gaîté

Infos:
• *Jardin de sculptures du Musée Rodin,* 77 Rue de Varenne, 75007 Paris
Métro: Varenne
Geöffnet täglich außer montags von 10.00 Uhr bis 17.45 Uhr, außer am 1. Januar, 1. Mai und 25. Dezember.
• *Musée Rodin Meudon*
19 Avenue Auguste Rodin, 92190 Meudon
• *Jardin du Musée Zadkine,* 100 bis Rue d'Assas, 75006 Paris
Métro: Vavin oder Port-Royal
Geöffnet von Dienstag bis Sonntag von 10.00 Uhr bis 18.00 Uhr. Bei Zeiten der Dauerausstellung Eintritt frei.
• *Jardin du Musée Bourdelle*, 18 Rue Antoine Bourdelle, 75015 Paris
Métro: Falguière
Geöffnet täglich von 10.00 Uhr bis 18.00 Uhr. Bei Zeiten der Dauerausstellung Eintritt frei.

Picknick zur blauen Stunde:
Champ de Mars

In jener Stunde, in der langsam die Nacht über Paris hereinbricht und ein tieferes Blau als das des Tages sämtliche Gebäude und Bäume umhüllt, breiten wir unsere Decke auf der großen Wiese des *Champ de Mars* zwischen *Tour Eiffel* und *École militaire* aus. Die Touristen haben schon lange ihre Sachen gepackt, um in den nahe gelegenen Restaurants noch schnell einen Tisch zu ergattern. Die Familien sind nach Hause gegangen, um die Kinder ins Bett zu bringen. Und die Jugendlichen kommen erst, wenn es dunkel ist, um in einem der wenigen Parks, die nachts nicht wie die meisten anderen geschlossen sind, ausgelassen zu feiern und zu trinken. Jetzt aber, in jener relativ stillen Zwischenzeit, gehört dieser Ort ganz uns und schenkt uns seine blaue Stunde.

Die Wärme des Tages liegt noch träge auf dem Rasen, während die nächtliche Frische sie allmählich unterwandert. In den Wohnungen rings um das Marsfeld gehen die Lichter an, in Cafés und Restaurants werden Kerzen angezündet und der imposante Eiffelturm nebenan beginnt seine nächtliche Lichterschau. Ein Heißluftballon taucht wie aus dem Nichts im Westen auf und schwebt langsam den Himmel entlang. Ich stelle fest, dass in dieser Stunde nach Sonnenuntergang nicht nur das Licht besonders ist, es riecht auf einmal auch anders auf dem Champ de Mars. Der Sand der Alleen, den die vielen

Menschen rund um den Eiffelturm tagsüber aufgewirbelt haben, hat sich gelegt. Das Karussell, der Musikkiosk, die Tischtennisplatten und die Kinderspielplätze sind verwaist. Die Natur schläft langsam ein. Und der Garten, er ist ein komplett anderer als noch vor wenigen Stunden.

Ich stelle mir vor, wie hier vor der Französischen Revolution die Felder der Abtei Sainte-Geneviève bewirtschaftet wurden. In der Plaine de Grenelle, wie die Ebene links der Seine genannt wurde und an die der Pont de Grenelle, der Quai de Grenelle und der Boulevard de Grenelle noch heute erinnern, waren sie schwer zu bewirtschaften. Lange gab es keine Behausungen, bis die Gegend von Osten her langsam besiedelt wurde. Militärisch wurde der Ort erst, als Louis XV beschloss, dort die *École militaire* zu installieren, mit deren Bau im Jahr 1751 begonnen wurde.

Ich hole die Wurst, den Camembert, den leckeren Ziegenkäse Saint-Maure, das Baguette und die Weintrauben aus meiner Tasche und klappe mein Kellnermesser der Marke Laguiole auf. Ich wickele die Flasche Bordeaux aus dem Tuch, das sie während des Transports schützte, und drehe mit dem Korkenzieher langsam den Propfen heraus, der sich mit einem Plopp aus seinem beengten Flaschenhals befreit. Ich muss plötzlich daran denken, dass man 1785 an genau diesem Ort die Grenzzäune der Stadt einpflockte, heute indes sind wir mitten in Paris. Ich lasse den Bordeaux langsam in die Gläser fließen und rieche erst am Korken, dann an einem der Gläser – Genussversprechen. Mit dem Messer bewaffnet, um den *saucisson* zu schneiden, erinnere ich mich daran, dass der Champ de Mars nach Mars, dem Gott des Krieges, benannt ist. Einst marschierten hier auf dem langgezogenen Stück Grün an die zehntausend Militärschüler auf, das Gelände war umringt von Gittern und prachtvollen gusseisernen Portalen. Die Zeiten haben sich zum Glück geändert: »Frieden« steht in neunundvierzig Sprachen auf dem Monument für den Frieden hinter uns, der *mur pour la paix.*

Der Platz mit seinen siebenhundertachtzig Metern Länge und zweihundertzwanzig Metern Breite ist gemacht für große Ereignisse. Während der Revolution feierte man große republikanische Feste. Später wurden militärische Paraden abgehalten und Pferderennen veranstaltet. Die großen Weltausstellungen – der aus dem Jahr 1889 verdanken wir den Eiffelturm – nutzten das Gelände. Es gab Feuerwerk zum 14. Juli und Jubelfeiern nach Sportereignissen, Konzerte und Großleinwände zogen die Massen auf das Grün. Zum Park wurde er aber erst 1908, um wenig später erheblich an Größe einzubüßen – wegen des Baus der beiden Boulevards rechts und links sowie der Residenzen.

Mit dem Bordeauxglas in der Hand und dem ersten Schluck des tiefroten, trockenen Weins in der Kehle lassen wir uns von einem der grandiosesten Bilder verführen, das Paris bei einbrechender Nacht zu bieten hat – selbst Pariser wie wir können sich dessen Zauber nicht entziehen. Ich denke an den Heißluftballon von vorhin zurück, frage mich, wo er denn inmitten des Häuser-

meers überhaupt landen kann, und weiß, er wird wie 1783, als der erste Heißluftballon ohne Mannschaft hier vom Champ de Mars aufstieg, in den Feldern westlich von Paris niedergehen.

Der Camembert ist an der Reihe. Mit einem Achtel in der Hand und einem Stück abgebrochenem Baguette – nur so teilt der Franzose sein Brot – drehe ich mich um und vom Eiffelturm weg. Der Schrei einer *chouette hulotte*, sicher der ungewöhnlichste Vogel des Champ de Mars, in dessen Teichen viele Enten, Wasserhühner und Schwäne plantschen, erregt meine Aufmerksamkeit. Erst vorhin bin ich den Spuren eines anderen Vogels begegnet: Am Fuße eines Baumes lag ein kleiner Haufen zerbrochener Nussschalen, fein säuberlich mit einem Schnabel zerkleinert – vermutlich das Werk des Buntspechts, der offensichtlich die majestätischen Platanen entlang der großen Alleen *à la française* liebt. Überhaupt haben die Vögel des *quartier* eine große Auswahl an seltenen, gewaltigen und alten Bäumen: Mit seinen siebenunddreißig Metern ist der *ptérocarya* der höchste von ihnen, der dickste ist der *arbre à gutta-percha* aus dem Jahr 1904, der älteste von allen aber ist der *micocouliers de Provence* aus dem Jahr 1896. Daneben gibt es einen *marronnier jaune* von 1902, einen *oranger des Osages* von 1935, einen *Kaki*, einen *lilas des Indes* sowie einen *parrotie de l'Himalaya*, der im April weiß-grün blüht. Ich drehe mich wieder zum Eiffelturm um, denn immer zur vollen Stunde knipst er für kurze Zeit tausend kleine helle Lichter an – es ist so weit. Haben wir uns bisher über

Menschen, Geschichte sowie Gott und die Welt unterhalten, werden wir nun still, trinken unseren Rotwein und ergeben uns dem Moment der blauen Stunde, beseelt von tausend glitzernden Eiffelturmlichtern.

Infos:
· *Champ de Mars,* 2 Allée Adrienne-Lecouvreur oder Quai Branly, Avenue de la Motte-Picquet, Avenue de la Bourdonnais oder Avenue de Suffren, 75007 Paris
Métro: École Militaire
Rund um die Uhr geöffnet. Eintritt frei.

Auf der Suche nach dem verlorenen Garten: Jardin de l'Intendant und Esplanade des Invalides

Der unweit des Champ de Mars gelegene *Jardin de l'Intendant* bei den Invaliden sieht viel älter aus, als er ist. Erst 1980 wurde er nach dreihundert Jahre alten Plänen von Robert de Cotte, Architekt des Königs, angelegt. De Cotte war ein genialer Baumeister und hat seinerzeit viele Pariser Gärten und Gebäude entworfen, so etwa im Jahr 1704 die der Seine zugewandte *Esplanade des Invalides*. Heute ein nahezu unscheinbares grünes Rechteck, von Bäumen gesäumt, war das früher ein großer Gemüsegarten, in dem im Krieg verletzte Soldaten in Würde arbeiten und Kontakt zur Pariser Bevölkerung halten konnten.

Infos:
• *Jardin de l'Intendant,* 6 Boulevard des Invalides, 75007 Paris
Métro: Varenne
Geöffnet täglich von 7.30 Uhr bis 18.30 Uhr. Eintritt frei.
• *Esplanade des Invalides,* 129 Rue de Grenelle, 75007 Paris
Métro: La Tour Maubourg
Rund um die Uhr geöffnet. Eintritt frei.

ACHTES ARRONDISSEMENT

Die grauen Elefanten-Bäume:
Parc Monceau

Audrey dreht sich um und sieht durch die *Entrée ouest* mit dem prachtvollen vergoldeten Gitter in der Ferne den Arc de triomphe durch die Avenue Hoche. Am frühen Morgen und in der Mittagssonne flimmert der Triumphbogen wie eine Fata Morgana, die gerade aus der Tiefe ihrer Träume erwacht. Geneviève, die in einem der Prachtbauten am Park wohnt, hatte ihr Anweisungen für den über acht Hektar großen Park mitgegeben. »In zwanzig Minuten bist du durch. Wenn du joggen willst, natürlich noch eher, denn die Außenrunde um den Park misst nur einen Kilometer. Im Sommer und am Wochenende ist der Park sehr voll. Und mit voll meine ich voller Kinder, voller Enten, voller Jogger und voller Tai-Chi-Leute. Nimm dich vor jeder dieser Gruppen in Acht! Meide am besten das Karussell und den Kiosk, da tummeln sich besonders viele Familien. Und auf den Grünflächen rollen manche am späten Nachmittag Tischdecken aus und essen Rotwein und Käse«, Geneviève hatte kurz innegehalten und eine Weile überlegt, »also am besten gehst du unter der Woche hin, noch besser im Winter, am allerbesten in aller Frühe.«

Der Park öffnet zwar schon um sieben Uhr morgens. Doch Audrey findet nicht, dass sie so früh da sein muss.

Über den Tipp, den Eingang im Westen zu benutzen, ist sie Geneviève indes dankbar. Von hier aus lässt sich am besten erahnen, was der Duc de Chartres hier im späten achtzehnten Jahrhundert vor den Toren von Paris an Verrücktheiten bauen ließ. Inzwischen liegen diese natürlich mitten in der Stadt. Besessen davon, den großen Parks und Gärten von Versailles, Bagatelle oder dem *Désert de Retz* Konkurrenz zu machen, ließ der Duc auf einem zwanzig Hektar großen Gelände einen Garten im anglochinesischen Stil errichten. Mehr noch, er beauftragte den Organisator von Hoffesten, talentierten Maler und Tausendsassa Louis Carrogis de Carmontelle damit, ein *pays d'illusions*, ein Land der Illusionen, zu schaffen, in dem Schweizer Hütten mit holländischen Windmühlen, türkische Zelte mit chinesischen Pagoden, ägyptische Pyramiden mit falschen Sarkophagen oder römische Ruinen mit gotischen Tempeln anbandeln – und alles zwischen Baumgruppen und Wasserbassins, kleinen künstlichen Inseln und Bächen, Grotten und anderen romantisierenden Landschaftsaccessoires.

Geschichte und Archäologie waren im späten achtzehnten Jahrhundert zweifellos *en vogue*, doch dieser Stilmix aus Exotik und alteuropäischen Motiven muss auf die Zeitgenossen dramatisch und nahezu theatralisch gewirkt haben. Doch nicht genug: Es wurden wirklich kleine Tragödien und Komödien auf sogenannten Transparenten aufgeführt – dafür wurden ländlich angehauchte Szenen im Stil der vier Jahreszeiten mittels Gouachen und Pastellfarben auf durchsichtige Papierbahnen aufgebracht und auf Rollen aufgerollt. Bis zu vierzig Meter Papier wurden dann vor den staunenden Gästen entrollt. Auch für Wettkämpfe auf dem Wasser und andere Festivitäten nutzte der Duc den *folies de Chartres* genannten Park. Später wurde er durch Zukauf im Osten und Norden weiter vergrößert und schließlich in einen Park in englischem Stil mit lieblichen Alleen und Gewächshäusern mit Pflanzen aus England umgewandelt. Baron Haussmann führte dann Regie. Noch später, im neunzehnten Jahrhundert, wurde er von den Frères Pereire, allesamt Industrielle und Politiker, für den Bau prächtiger *Hôtels particuliers* leider zerstückelt.

Audrey hat Glück, an diesem frühen Morgen trübt kein Wölkchen den blassblauen Winterhimmel, und sie sieht durch die alten, zu dieser Jahreszeit blätterlosen Platanen, von denen es reichlich im Park gibt, zu den nahe gelegenen Prachtbauten hin. Sie hat sich für später – wieder ein Tipp von Geneviève – das *Musée Nissim de Camondo* vorgenommen, das Einblicke in die Interieurs der damaligen Zeit sowie in die Kunst des achtzehnten Jahrhunderts gewährt. Obwohl, Kunst hat sie im Park eigentlich schon genug. Überall stehen die Statuen großer Schriftsteller und Musiker des Second Empire: Maupassant, Chopin, Alfred de Musset, Ambroise Thomas …

Und dann sieht sie die sogenannte *Naumachie*! Audrey betrachtet das große ovale Bassin mit der wundervollen, gebogenen Säulenkolonnade aus dem sechzehnten Jahrhundert, die an die Antike erinnert. Wie im Jardin du Luxembourg hat Catherine de Médicis hier ihre Finger im Spiel gehabt. Diese Kolonnade für die *chapelle funéraire, rotonde des Valois*, hatte sie ursprünglich zu Ehren ihres Gemahls König Henri III in Auftrag gegeben und sie neben der Basilika von Saint-Denis im Norden von Paris aufbauen lassen. Viel ist von der Kirche nicht übriggeblieben. Die romantische Kolonnade allerdings überlebte deren Vernichtung im Jahr 1719 und wurde hierherversetzt – ein halbes Jahrhundert später, was für ein Kraftakt. Die bewegte Geschichte dieses Stücks Stein interessiert indes wenige – vor allem nicht die Frischvermählten, die die Kolonnade als Hintergrund für Hochzeitsfotos wählen und dabei naiv übersehen, dass es sich um Reste einer Grabeskapelle handelt. Würden sie doch stattdessen zu den Grotten und Kaskaden, ja selbst zu den Ruinen gehen, es würde besser zu ihrem Jawort passen. Ruinen gibt es reichlich im Park, da ein Stück alter Arkade aus dem Rathaus von Paris, dort ein paar Kolonnen aus dem ehemaligen Palast der Tuilerien ... und so mancher Schriftsteller des neunzehnten Jahrhunderts ließ sich hier im Park von den Ruinen zu tiefgründiger Literatur inspirieren.

Eigentlich sind es zwei Parks in einem, denkt Audrey, ein genial verrückter aus dem achtzehnten und ein völlig anderer aus dem neunzehnten Jahrhundert. Instinktiv begibt sie sich auf die Suche nach den älteren Relikten. Dabei fallen ihr vor allem die betagten Bäume auf. Sie sind alle etwa gleich alt, vermutlich wurden sie Anfang des neunzehnten Jahrhunderts gepflanzt, und rie-

sengroß: bis zu dreißig Meter hoch, sieben Meter im Durchmesser. Beim Anblick der greisen Riesen mit ihren dicken, schwulstigen Stämmen muss Audrey an die Beine von Elefanten denken. Ganz unten, wo sich eine Schicht staubiger Erde über den Stamm gelegt hat, sehen sie aus, als würden sie im nächsten Moment anfangen zu rennen – durch die Savanne, umgeben von filigranen schwarz-weißen Vögeln auf ihren buckeligen Rücken. Paris hat zwar viele dieser im neunzehnten Jahrhundert gepflanzten Platanen, die man nicht nur wegen ihres raschen Wuchses schätzte, sondern vor allem wegen ihrer Eigenschaft, der schlechten Stadtluft zu trotzen, doch selten wirkten sie auf Audrey so majestätisch und mitleiderregend zugleich. Wie einsame Rentner auf der Suche nach Menschenkontakt.

Audrey bewundert die prachtvollen Platanen. Unter der einen fällt ihr eine kleine Plakette auf, die an den ersten Fallschirmsprung, den von André-Jacques Garnerin im Jahr 1797, erinnert, hier an dieser Stelle. Noch ein Verrückter, dieser André-Jacques Garnerin! Über der staunenden Menge zog er sein merkwürdiges Gestell aus Holz und Stoff auf und sprang damit von einem Heißluftballon aus in die Tiefe. Es war zu der Zeit, als *entrepreneurs de fêtes,* heute würde man sie Eventmanager nennen, im Park Bälle, Illuminationen und Spiele für die Massen organisierten. Kaum zwei Jahre später sprang auch seine Verlobte Jeanne Labrosse vom Ballon – als erste Frau. Überhaupt inspirierte der *Parc Monceau* seit seiner Gründung durch den Duc de Chartres allerhand wagemutige, verrückte und kreative Köpfe. Keine hundert Jahre später zum Beispiel spielte hier der kleine Marcel Proust mit seinem Bruder Robert. Und Émile Zola schoss seine schwarz-weißen Schneefotos im Monceau und ließ sich von dem Park und dem Viertel zu seinem Roman *La Curée* inspirieren. Zola ist nicht der einzige Fotograf des Monceau. Christian Lemaire hat die Ballonverkäuferin in den fünfziger Jahren in Schwarz-Weiß verewigt und Robert Doisneau im selben Jahrzehnt eine fröhlich laufende Klasse junger Krankenschwestern in weißen Blusen. Audrey liebt diese alten schwarz-weißen Fotos.

Sie blickt auf die kleine Plakette mit dem Hinweis auf den Ballon-Fallschirmspringer, die an diese *exploits fantastiques* erinnert, und sehnt sich auf einmal nach einem »kleinen Stück Kremlin« inmitten von Paris, wie sie die süßen Stücke russischer Patisserie bezeichnet, die man rund um die orthodoxe Kathedrale von Saint-Alexandre-Nevski in der Rue Daru zuweilen findet und die ihr und Geneviève so gut schmecken. Mit ihren fünf kleinen, goldenen Kuppelkugeln an den Turmspitzen, den schönen Mosaiken überall und der typisch byzantinischen und orthodoxen Architektur im Herzen des *quartier russe* hat Audrey den Eindruck, mitten im *Paris russe* der sogenannten »weißen« Emigranten aus den zwanziger Jahren, die sich hier nach der Revolution niederließen, gelandet zu sein. Hier hat Picasso im Jahr 1918 seine kleine russische Balletttänzerin, Olga Koklova, geheiratet – Jean Cocteau, Max Jacob und Guillaume Apollinaire waren Trauzeugen. Man stelle sich vor, wie sich diese illustre Gesellschaft vor oder nach der Zeremonie im Park versammelte. Haben sie vielleicht hier auf den Bänken des Monceau mit Wodka angestoßen?, fragt sich Audrey. Schon damals gab es ein paar russische Bars und Restaurants und auch einige gute *épiceries fines*. Wodka zur Picasso-Hochzeit: Ja! Aber Wodka um diese Zeit? Audrey wird rund um die Métrostation Villiers fündig und entdeckt in der *Épicerie russe Medovnik* schließlich ihre geliebten russischen Honigkuchen. Sie lässt sich auch ein paar für Geneviève einpacken.

Tipp:
Nicht nur eine spektakuläre Küche aus einem klassischen großbürgerlichen Palasthaushalt vom Ende des neunzehnten Jahrhunderts ist zu besichtigen, sondern auch ein wunderschöner kleiner Garten an der Nordfassade, die dem kleinen Trianon aus Versailles ähnelt: Das *Musée Nissim de Camondo*.
Musée Nissim de Camondo, 63 Rue de Monceau, 75008 Paris

Infos:
• *Parc Monceau,* 35 Boulevard de Courcelles, 75008 Paris
Métro: Monceau oder Malesherbes
Im Sommer von 7.00 Uhr bis 22.00 Uhr, im Winter von 7.00 bis 20.00 Uhr geöffnet. Eintritt frei.

NEUNTES ARRONDISSEMENT

Wo tout Paris ein und aus ging: Jardin du Musée de la Vie romantique

»Du musst diese eine Rose sehen: Was für ein Apricot!«, schwärmt Audric, der Stadtimker, der seine Bienenvölker auf den Pariser Dächern hält und damit wohl einen der ungewöhnlichsten Berufe der Hauptstadt hat. »Was für ein Apricot! Und was für ein Duft!«, Audric überschlägt sich fast in seiner Begeisterung, »Julien, ich bin mir sicher, du wirst dich auch wie ich in eine der Rosen verlieben, die im *Jardin du Musée de la Vie romantique* wachsen. Vielleicht ja sogar in diese mit der schönen apricot-orangen Farbe.«

Julien hat sich breitschlagen lassen. Er weiß: Sein Freund hat schon viel gesehen und ist nicht so leicht zu beeindrucken – auf der Suche nach geeigneten Orten für seine Bienenvölker entdeckt er ständig die schönsten Plätze, dieser Garten muss etwas ganz Besonderes sein. Und nun schreiten sie also den kleinen Weg entlang, der so schmal ist, dass er den Namen *Allée* überhaupt nicht verdient. Sie betrachten den charmanten Pavillon im italienischen Stil im gepflasterten Innenhof, entdecken das Hinterhaus am Fuße des Montmartre, das Künstler im Paris der ersten Hälfte des neunzehnten Jahrhunderts zum Leben und Arbeiten bewohnten, und werfen einen Blick auf das charmante Gewächshaus und den Garten voller Flieder und üppiger Kletterrosen, die an der Fassade ranken. Die hellgrünen Fensterläden und Eisengeländer der Veranda, die dunkelgrünen Stühle und Tische im Innenhof und all die Tontöpfe erscheinen wie zufällig verstreutes Gartenmobiliar einer privaten Terrasse.

Schwer vorstellbar, dass hier einst *tout Paris* ein und aus ging: Eugène Delacroix, George Sand, Frédéric Chopin, Gioachino Rossini, Franz Liszt sowie Charles Dickens, sie alle kamen gern zu Ary Scheffer (1795-1858), dem Bildhauer und Maler, der als Vertreter der romantischen Bewegung gilt und später von den englischen Präraffaeliten sehr geschätzt wurde. Ob es damals hier auch schon solche Rosen gab und ob die illustren Besucher deren Duft genossen? Zumindest von George Sand – eigentlich Amantine Aurore Lucile Dupin de Francueil – ist bekannt, dass sie Blumen liebte. Einen ihrer Romane hat sie *Rose und Blanche* genannt und ihrer Tochter Solange den wunderschönen Essay *Was mir die Blumen sagen*, eine Art Liebeserklärung an die Blumen, hinterlassen. Auf ihrem Landsitz Nohant in der Indre ging sie täglich in ihrem Rosengarten spazieren, später wurden nach ihr gleich mehrere Rosensorten benannt. Aber auch Eugène Delacroix war für den Rosenduft empfänglich, wie er 1842 in einem Brief über George Sands Nohant schrieb und seine eigene Glücksformel darin so formulierte: »Die Musik Chopins, der Gesang der Nachtigallen, der Duft der Rosen.« Nach Chopin ist nur eine Rosenart benannt – er inspirierte zumindest Rosenliebhaber. Keine Frage: Die romantische Rose war eine der Lieblingsblumen des neunzehnten Jahrhunderts. Und als solche gehört sie natürlich in den Garten eines Romantik-Museums, zu dem das frühere Wohnhaus von Ary Scheffer inzwischen umgestaltet wurde.

George Sand wurde der Teesalon gewidmet. Hier holen sich Audric und Julien, immer noch auf der Suche nach der ultimativen Rose, jeweils eine Tasse Kaffee und setzen sich neben zwei junge Frauen, die so vertieft in ihre Unterhaltung sind, dass sie abwechselnd mit ihren langen braunen Haaren und ihren Kaffeetassen spielen und den Rest um sich herum komplett ausblenden. Sicher sind sie nicht wegen George Sand hier. Aber das sind Audric und Julien und bestimmt die Hälfte der Besucher des klitzekleinen Gartens auch nicht.

Es ist zwar später Frühling, doch noch etwas frisch, der Garten morgenfeucht. Die zwei Freundinnen, eine im grünen, die andere im roten Pulli, sind richtig angezogen. Audric und Julien, denen jetzt kalt wird, sind es nicht. Sie drehen die Stühle so, dass sie etwas Sonne abbekommen. Audric fragt sich, ob er wohl hier seine Bienenstöcke aufstellen könnte. Im Jardin de l'Hôtel des Invalides, auf dem Dach des Musée d'Orsay, dem Institut de France oder der École militaire durfte er schon. Hier im neunten Arrondissement setzt er auf Kooperationen mit kleinen städtischen Museumsgärten, wie dem des Musée de la Vie romantique oder auch mit der Maison de Balzac im sechzehnten Arrondissement. Ob sich die Gärten eignen, muss er noch prüfen. Wenn er darf, wird er seine Bienenstöcke zunächst zur Probe aufstellen. Audric macht

Julien noch auf dem Rückweg zu seinen Bienenstöcken auf die apricotfarbene Rose aufmerksam, die er ihm so bildhübsch beschrieben und versprochen hatte: »Hier! Diese hier meinte ich. Was denkst du?« Julien schließt die Augen und atmet tief den Duft der wunderschönen Rose ein. Wer weiß, vielleicht gibt es bald Honig aus dem Garten des Musée de la Vie romantique?

Infos:
· *Jardin du Musée de la Vie romantique*, 16 Rue Chaptal, 75009 Paris
Métro: Pigalle oder Blanche
Täglich außer montags geöffnet von 10.00 Uhr bis 18.00 Uhr.
Eintritt frei für den Garten und dem Zugang zum Teesalon.
· *Maison de Balzac,* 47 Rue Raynouard, 75016 Paris
Métro: Passy
Täglich geöffnet von 10.00 bis 18.00 Uhr, außer Montag. Eintritt frei.
· *Le Miel de Paris*, Audric Remy de Campeau, 4 Rue Casimir Périer, 75007 Paris

Literaturhinweis:
George Sand, *Rose und Blanche*

ELFTES UND ZWÖLFTES ARRONDISSEMENT

Auf alten Bahntrassen durch Paris: Promenade Plantée

Yvan nimmt meine Hand und zieht mich wie ein Verliebter mit sich fort. Ich lasse es geschehen, denn er hat mir einen ganz besonderen Garten versprochen: »Ein Garten als Gerade, als Strich in der Stadtlandschaft? Das möchte ich sehen, Yvan.«

»Das wirst du, Murielle. In Paris gibt es einige lineare Parks, im 16. Arrondissement zum Beispiel. Dieser hier ist aber etwas Besonderes. Wir befinden uns im Osten von Paris, unweit der Gare de Lyon, deren Bahnhofsuhr übrigens das schönste Zifferblatt mit kobaltblauen Zeigern schmückt, das du je gesehen hast.« Yvan bemüht noch einige andere Superlative, um mich neugierig zu machen: »Die fast fünf Kilometer lange *Promenade Plantée* oberhalb der Avenue Daumesnils folgt dem 1969 stillgelegten Verlauf der alten Bahntrasse der Bastille. Auf ihr kannst du gemütlich das 12. Arrondissement durchwandern, ohne je eine Straße überqueren zu müssen. Und während deine Schuhe über den sandigen Boden eines Gartens in luftiger Höhe laufen, genießt du eine Aussicht auf die Stadt, wie du sie so noch nie erlebt hast.«

Bis zu zehn Meter liegt der Parkwanderweg über den Straßen von Paris – diese Höhe ist tatsächlich ungewöhnlich und überrascht mich. Oben auf dem alten Eisenbahnviadukt aus Backstein, dem *Viaduc des Arts,* der etliche kleine Galerien und Geschäfte beherbergt, angekommen, wage ich einen Blick nach unten – auf das Grau der Straßen, den Asphalt und den Verkehr. Die Höhe schafft Distanz von der Stadt. Ist es nicht das, was man in einem Stadtgarten sucht? Abstand von Hektik und Menschengewusel, von Verkehr und Lärm. Hier ist es möglich. Die viereinhalb Kilometer lange Strecke ist äußerst abwechslungsreich. Mal scheint der Weg regelrecht eingeklemmt zu sein zwischen den Häusern, und ich kann fast in die Wohnungen hineingreifen. Mal ist der Blick ganz durch Büsche versperrt und nichts lässt erahnen, wie es weitergeht. Mal passieren wir, auf einer Hängebrücke gleich, einen großen Garten mit dem ersten Sprudeltrinkwasserbrunnen von Paris – den Jardin de Reuilly – und können die Besucher beim faulen Liegen auf der Wiese beobachten. Yvan läuft voraus und erzählt von der Zeit im neunzehnten Jahrhundert, als die verschiedenen Bahngesellschaften in Paris jeweils ihre Endbahnhöfe bauten. Einen im Norden (Gare du Nord), einen im Osten (Gare de l'Est), einen für die Züge aus dem Süden (Gare de Lyon) usw. Später verband man diese Bahnhöfe miteinander, damit Waren und Personen von einem zum nächsten gelangen konnten. Dieser kleine Gürtel, *petite ceinture,* wurde in den dreißiger Jahren stillgelegt und von der Natur in Besitz genommen. Manche Strecken sind inzwischen für Fußgänger offen – so wie dieser Abschnitt. 1993 wurde die Eisenbahntrasse zur bepflanzten Promenade, es war der erste erhöhte Parkwanderweg der Welt und sollte Vorbild werden für den High Line Park in New York. Wunderschöne Ahornbäume, Heckenrosen und Vögel haben sich hier ihr Revier erobert. Danke, Yvan, für diese *promenade plantée*!

Infos:
· *Promenade Plantée* (auch *Coulée verte* genannt), 1 Coulée verte René-Dumont, 75012 Paris
Métro: Gare de Lyon oder Ledru-Rollin
Täglich von 8.00 Uhr bis 21.30 Uhr geöffnet. Eintritt frei.

FÜNFZEHNTES UND SECHZEHNTES ARRONDISSEMENT

New York in Paris: Île aux Cygnes

Warum die *Île aux Cygnes* so heißt, erschließt sich mir nicht sofort, als ich mir in der Mittagspause von der Brücke Bir-Hakeim kommend unter einem der dreihundert Bäume eine Bank suche: keine Schwäne weit und breit, auf die der Name doch verweist. Aber wie kann ich hier auch irgendetwas Natürliches erwarten: Die Insel ist wohl der künstlichste Garten, das unnatürlichste Stück Grün, das Paris zu bieten hat. Sie ist so untypisch für Paris wie mein Sandwich als Mittagessen für eine Pariserin.

Doch das Wetter ist schön, die frische Frühlingsluft und die freundlich wärmende Sonne tun mir gut und für eine halbe Stunde wird diese kleine Insel zwischen dem Pont de Bir-Hakeim und dem Pont de Grenelle mein grünes Refugium auf künstlichen achthundertfünfzig Metern Länge und nur elf Metern Breite. Da passt tatsächlich kaum mehr drauf als jene Allée des Cygnes, die ich nun entlanglaufe. Ich spaziere den knappen Kilometer von einem Ende zum anderen und stehe mit den Füßen fast im Wasser. Der Fluss fließt langsam neben mir her, ab und zu ans Ufer plätschernd, als wolle er sich mitteilen. Plötzlich stehe ich am südlichen Ende vor einer über zehn Meter hohen bronzenen Replik der Freiheitsstatue, nach der sich zwei offensichtlich verirrte Touristen erstaunt umschauen. Die Statue wurde von Frédéric-Auguste Bartholdi (1834-1904) kreiert und vom *Comité de la colonie parisienne des États-Unis* finanziert, als Dank für die wiederum von Frankreich an New York geschenkte Statue – lese ich auf der angebrachten Tafel. Die kleine Freiheitsstatue blickt nach Westen, in Richtung Amerika. Wir befinden uns im fünfzehnten Arrondissement. Auf der einen Seite Hochhäuser, auf der anderen ein gutbürgerliches Viertel mit Altbauten. Nichts, bis auf den Eiffelturm vielleicht, der hier herablassend auf einen hinabschaut, ist auf irgendeine Art bemerkenswert.

Vereinzelte Spaziergänger mischen sich unter Jogger. Ein, zwei Familien schieben ihre Kinderwägen vorbei. Ein paar Obdachlose hängen ihre Wäsche auf eine Schnur zwischen einer Pappel und dem Geländer, das die Menschen vom Ufer trennt. Ich nehme wieder Platz auf meiner Bank unter einer Weide. Ein Mann setzt sich zu mir.

»Schauen Sie, die grüne Île aux Cygnes ist voller Leben und gehört jedem«, hebt er plötzlich an, die Hände in die Taschen gesteckt, den Kragen hochgezogen. Dabei verteilt er sein Lächeln und seine gute Laune so freizügig wie ein Schauspieler. Mir ist eigentlich nicht nach Reden zumute und dies hier ist ganz offensichtlich keine Bühne, sondern ein stiller Rückzugsort, fern der Boulevards und Touristenattraktionen, denke ich verstimmt. Dennoch bekommt der Mann meine Aufmerksamkeit.

»Inseln haftet immer etwas Mysteriöses, Geheimnisvolles an. Hast du schon mal *Die geheimnisvolle Insel* von

Jules Verne gelesen?« Während ich mich frage, warum mich dieser Fremde plötzlich duzt, wartet der meine Antwort gar nicht erst ab: »In der Literatur sind Inseln oft versteckt oder schwer erreichbar, oft menschenleer. Man muss sie entdecken, gar erobern. Sie werfen Fragen auf, die meist Fragen bleiben.« Ich blicke erstaunt auf und frage mich, wer wohl dieser Philosoph ist. »Wer ist man auf dieser Insel? Was macht sie mit einem? Inseln sind Zwitterwesen. Zwischen Erde und Wasser entstehen sie. Durch Erde und Wasser werden sie definiert. Später verschwinden sie durch das eine oder das andere.« Fasziniert lausche ich seinen Ausführungen.

»Die Île aux Cygnes ist keine echte, natürliche Insel. Sie ist eine ganz und gar künstliche und nicht zu verwechseln mit der ursprünglichen, heute verschwundenen *Île des Cygnes*. Weißt du, es gibt viele ›verschwundene‹ Inseln in Paris, nach denen man suchen, deren Namen man sich immer wieder ins Gedächtnis rufen muss, die man auf alten Stadtplänen anschauen kann. Île aux Juifs. Île du Louvre. Île Maquerelle, also die spätere Île des Cygnes, die nicht die Gleiche ist wie die Île aux Cygnes, unsere zwar existierende, aber künstliche Insel. Île aux Vaches. Île Merdeuse … das sind die wahren Inseln von Paris.«

Der unbekannte Philosoph gibt seiner Aufzählung so viel Raum, dass es mir langsam scheint, als bestünde Paris nur noch aus Inseln, die wahlweise die Stadt oder die Seine betonen, auseinanderbringen, verstärken. »Und die Brücken?«, frage ich ihn.

»Die sind wirklich unverschämt, ohne Zweifel. Wie zwei, drei Klatschtanten, die ihre Stühle vor die Tür stellen. Schau mal: Pont de Grenelle, Pont de Bir-Hakeim, Pont Rouelle. Die stehen breitbeinig da oder heben kurz das Bein, übertrumpfen sich gegenseitig in ihrem *enjambement* des kleinen Stückes Erde, das man hier auf elf Metern Breite angehäuft hat!«

»Was hat es mit den Schwänen auf sich?« Sein Lächeln wird breiter. Ein Romantiker also. Der schwäneliebende Louis XIV wird auf unsere türkisfarbene Bank herbeizitiert. Einst soll der die weißgefiederten Vögel so sehr geliebt haben, dass er vierzig Prachtexemplare sowie dreihundert Schwaneneier aus Dänemark importieren ließ, um die Tiere auf der Île Maquerelle gegenüber dem Champ de Mars anzusiedeln, fortan Île des Cygnes genannt.

»Später verschwand auch diese Insel, man überbaute sie, um den Champ de Mars zu vergrößern. Der Beruf des *plumassier*, des Federschmückers, einer seltenen Handwerkskunst, erlebte in der Zeit der vielen Schwäne auf der Seine seine Blüte. In Saint-Denis, in Pantin, gibt es noch heute die *plumassier*-Ateliers von Lamarié, die sich mit den Stickereien, Hutmachern und anderen seltenen Berufen zusammengetan haben und für die Haute-Couture-Shows von Chanel oder Dior prunkvolle Roben mit Federn von Enten, Schwänen, Fasanen, Gänsen und Straußen bekleben.«

Mein Philosoph plaudert noch eine Weile aus der Geschichte der Insel, dann steht er auf und geht davon. Seine Abwesenheit bemerke ich zunächst nicht, zu sehr kreisen meine Gedanken um die Federn auf den Haute-Couture-Roben. Mein nur zur Hälfte gegessenes Sandwich ruht derweil in meinem Schoß. Was für ein Quell der Phantasie diese Insel doch ist! Habe ich richtig gehört, sogar eine Landebahn und ein mehrgeschossiger Flughafen waren auf der Île aux Cygnes geplant? Und wurde hier tatsächlich während der Olympischen Spiele im Jahr 1900 Wasser-Polo gespielt? Ich hätte mich noch gern bei meinem Philosophen dafür bedankt, dass er meine Mittagspause so bereichert und meinen Blick auf die achthundertneunzig mal elf Meter, die es erst seit 1825 gibt, geschärft hat. Doch ich sollte den Mann nie wiedersehen.

Majestätisch treiben zwei Seine-Boote, eine *péniche* und ein *bateau école,* hintereinander an mir vorbei, so zum Greifen nah, dass ich in ihrer Kabine die Kapitäne mit ihren Kaffeetassen in der Hand beobachten kann.

Infos:
• *Île aux Cygnes,* nahe Pont de Grenelle, 75015 Paris

Literaturhinweis:
Jules Verne, *Die geheimnisvolle Insel*

Perfekte Filmkulisse:
Square du Palais-Galliera

Ludo holt sich im Museumscafé des Palais de Tokyo einen Bio-Tee im Mehrwegbecher und überquert damit die Avenue du Président Wilson. Die tiefschwarzen Haare hat er kunstvoll nach hinten gelegt, nur eine kleine Tolle wippt bei jedem Schritt mit. Hinter dem Palais Galliera, das mit seinem eleganten Peristyl, seinen Galerien und italienischen Renaissance-Salons keinen besseren Kontrast zu der modernen Kunst im Palais de Tokyo abgeben könnte, biegt er in einen kleinen Park ein. Die Morgensonne steht tief und scheint ihm ins Gesicht. Ludo kneift die Augen zusammen, zwei Runzeln zieren seine sonst makellose Stirn. Mit festen Schritten hält er auf die Kollegen zu, die er schon von weitem sieht.

Der Garten ist klein und liegt auf einem ehemaligen, wegen gelegentlicher Einbrüche tückischem Steinbruch, der einst auf dem Hügel von Chaillot angelegt wurde. Ludo schreitet durch die kunstvoll geschmiedeten Gitter mit den Initialen der Duchesse de Galliera, der Haus und Garten gehörten. Das Eisentor stammt aus denselben Ateliers wie die Pfeiler und Bögen des nahe gelegenen Eiffelturms. Ludo geht in Richtung der Pflastersteine, auf die beiderseits die Treppengeländer der Museumskolonnaden zulaufen. Sein Filmteam hat sich für ein paar Tage in dem Garten eingerichtet und Dutzende Taschen und Kisten mit Ausrüstung in der westlichen

Ecke des Gartens abgestellt. Sie sind nicht die Ersten, die diesen Ort für den Film entdecken. Palais und Garten wurden schon oft zur Kulisse. In *Der Teufel trägt Prada* zum Beispiel lässt die Assistentin Andrea, gespielt von Anne Hathaway, ihren Boss Miranda Priestly (Meryl Streep) auf der Treppe des Palais mit der Meute der Fashion-Week-Fotografen allein, um dann ihre eigenen Wege zu gehen.

Inzwischen sind der Fotograf und die Kameramänner aus Ludos Team eingetroffen. Sofort werden sie von ein paar Japanerinnen belagert, die glauben, der Aufriss fände für ein Modeshooting statt. Tatsächlich posieren zwischen den Bronzestatuen von Pierre Roche oder Jean Perraud gern Models vor Kameras, doch nicht heute. Enttäuscht ziehen die jungen Frauen, die ganz in Schwarz und Weiß gekleidet sind und dadurch eigenartig uniformiert wirken, davon – nicht ohne sich vorher etwas ratlos umzuschauen und dabei den attraktiven Ludo zu entdecken, er kommt ihnen irgendwie bekannt vor. Sie könnten ja bleiben. Und im Schatten der Linden, Pagodenbäume, Kastanien und Ahornbäume ihre Jagd nach berühmten Gesichtern für einen Moment auf dem Rasen unterbrechen, dabei den Duft der frisch bepflanzten Blumenrabatten einatmen und Lawsons Scheinzypressen und den einzelnen Mammutbaum bewundern. Doch sie ziehen das Palais de Tokyo der Grünfläche vor.

Der Garten gehört nun wieder ganz dem Filmteam. Ludo setzt sich auf eine Parkbank und schlürft genüsslich an seinem Tee, als wäre er nicht Teil der ganzen Aufregung. Gleich tönt es »action!«, und der Garten wird in der Morgensonne erneut zur Kulisse.

Infos:
· *Square du Palais-Galliera*, 10 Avenue Pierre-Ier-de-Serbie, 75016 Paris
Métro: Iéna oder Alma-Marceau

Filmhinweis:
David Frankel, *Der Teufel trägt Prada*

Ein kleines Stück Karibik in Paris:
Jardin des Serres d'Auteuil

Das Sommersprossengesicht des kleinen rothaarigen Grégoire zieht eine Schnute. Am Kindergeburtstag stand eine Bootsfahrt auf dem *lac inférieur* des Bois de Boulogne auf dem Programm, mit anschließendem Eisessen am *Kiosque de l'Empereur* auf der unteren Insel und Boulespiel im angelegten *Boulodrome* oder auf der großen *Pelouse de la muette*. Lange wurde debattiert, ob Grégoire nicht lieber Ponyreiten oder eine lange Fahrradtour durch den Park machen wolle oder vielleicht doch etwas ganz anderes. Es herrschte die Qual der Wahl: Der mehr als sieben Hektar große Park im Westen von Paris bietet nahezu alles, was es an Sport- und Freizeitbeschäftigungen gibt – von Tennis über Hockey, Fußball, Boule, Rugby, Reiten und ornithologischen Parcours bis hin zum Marionettentheater und Museumsbesuch. Schließlich wurden zwei Holzruderboote reserviert, die einen vergnüglichen Tag auf dem teichgrünen Wasser samt Picknick und Herumschippern am Ufer versprachen. Nun aber sieht Grégoire mit ernster Miene zum Himmel, der immer mehr ergraut, und anschließend zu mir, mit ratlosem Blick. Viel Zeit zum Nachdenken bleibt uns nicht, denn der Regen fällt wie aus Eimern und die Temperaturen sinken in Rekordtempo.

Kaum dass wir aus der Métro Porte d'Auteuil heraus sind, flüchten wir uns in die Gewächshäuser des *Jardin des Serres d'Auteuil.* Direkt neben den legendären Tennis-feldern des Roland Garros und auch unweit des *Hippo-drome de Longchamp* stehen diese wundervollen Eisenre-likte aus dem neunzehnten Jahrhundert. Offiziell befinden wir uns in einem der vier Gärten des *Jardin botanique de la Ville de Paris*: Der *Parc Floral* und die École Du Breuil liegen im Bois de Vincennes im Osten der Stadt, der *Parc de Bagatelle* indes wie der Jardin des Serres d'Auteuil mitten im Bois de Boulogne. Der Garten selbst wurde unter dem Monarchen Louis XV im Jahr 1761 ge-staltet, die fünf beeindruckenden Gewächshäuser Ende des neunzehnten Jahrhunderts aufgebaut. Louis XV lieb-te alles Botanische, befahl einen blühenden *jardin* und ließ wunderschöne Parterre mit Blumen bepflanzen, ganz im Stil klassischer französischer Gartenkunst. Heute zie-hen diese Blumenteppiche alle Augen auf sich. Die spä-teren Gewächshäuser ergänzen dieses erdachte Ensemble und beherbergen eine Sammlung exotischer und seltener Pflanzen aus aller Welt sowie zahlreiche Bäume. Sech-zehn Meter hoch ist das im Jahr 1999 renovierte Palma-rium. Mitten in Paris fühlt man sich hier wie in der Ka-ribik. Schwülwarme, subtropische Luft durchströmt die Eisenkonstruktion, die man gern Gustave Eiffel unter-stellt, aber von Jean-Camille Formigé, damals zuständig für die *promenades et plantations* in Paris, in nur drei Jah-ren gebaut wurde. Er war übrigens auch für den Bau des nahe dem Eiffelturm gelegenen Pont de Bir-Hakeim ver-antwortlich, eine der schönsten Brücken von Paris.

Imposante Gewächshäuser gibt es in Paris so einige –

die im Jardin des Plantes sind sogar älter (entstanden unter Louis XIII). Die kleineren, intimeren sind nicht ständig – wie etwa im Jardin du Luxembourg – oder überhaupt nicht geöffnet, so im *Square Edouard Vaillantin* in der Avenue Gambetta im 20. Arrondissement. Die *Serres d'Auteuil* hingegen sind nicht nur sehr groß, sondern täglich für alle geöffnet, was unseren Kindergeburtstag an diesem Tag rettet.

Der Eintritt ist frei, dennoch sind wir fast allein und können ungestört eintauchen in die exotische Pflanzenwunderwelt inmitten der Patina des *fin de siècle*. Von den Gusseisenkonstruktionen blättert die grün-blau-türkise Farbe. Es ist fünfundzwanzig Grad warm, die Luftfeuchtigkeit beträgt achtzig Prozent, der Gesang tropischer Vögel dringt in unsere Ohren – wir sind in einer anderen Welt, die Ruderboote vergessen. Ich lasse die Kinder frei herumlaufen. Doch immer wieder müssen sie stehen bleiben, den Kopf in den Nacken werfen und mit offenen Mündern über haushohe Palmen staunen, um im nächsten Moment wieder laut und fröhlich über die Wege zu rennen. Sie stören niemanden, auch nicht die *chefs jardinier:* Jedes Gewächshaus hat solch einen Chefgärtner, der auf die entsprechenden Pflanzen spezialisiert ist und mit einem Tross an Hilfsgärtnern den Garten pflegt.

Die großen Gewächshäuser aus dem neunzehnten Jahrhundert sind heute als *monument historique* klassifiziert und stehen unter besonderem Schutz. Den benötigen sie auch, denn der Sportriese Roland Garros kommt ihnen von Westen her gefährlich nahe. Er baut ständig an, sehr zum Ärger von Naturschützern und Bewahrern des historischen Gartenerbes. Den Protestierenden wird dann zuweilen entgegengehalten, dass einst auch die damals weltweit stark *en vogue* stehenden Gewächshäuser sogenannten »bewirtschafteten« Raum belegten, als sie im neunzehnten Jahrhundert gebaut wurden. Felder und Gartenanlagen, die eher für die *production agricole* gedacht waren, mussten weichen und wurden später, als auch der *Boulevard périphérique* Ende der sechziger Jahre Platz benötigte, nach Rungis und Fresnes verlegt. Diese Gartenbauproduktion erinnert ein wenig an seine ursprüngliche Bezeichnung: *jardin fleuriste municipal.* Hier wuchsen massenhaft Blumen für die städtischen Parkanlagen ... Welch Kontrast zu dem heutigen Gelände, das seine eigene Szenographie entfaltet: für die Farne, für die *broméliacées*, für die *ficus*, für die *palmiers endémiques.* Es wäre zu schade, müssten diese Glaskonstruktionen Sportstätten weichen.

Die Kinder teilen meine Bewunderung und suchen nach eigenen Worten für diesen magischen Ort. »Paradies unterm Glas«, schlägt Benoit vor. Nein, »Traumland«, widerspricht Emilie. Während sich die Kinder mit Superlativen überbieten, betrachte ich die leicht geschwungene Form der Glashäuser, welche die Sonneneinstrahlung und das Ableiten des Kondenswassers begünstigt, und staune über die Fertigkeiten aus dem vorletzten Jahrhundert. In den insgesamt sechs Hektar großen Gewächshäusern wachsen sechstausend Pflanzenarten. Sie sind alle kategorisiert und gekennzeichnet sowie nach Themen angepflanzt. Ich laufe einige von ihnen ab, hin und wieder die Glashäuser verlassend, da mich die schwüle Luft etwas benebelt. Es sind zweihundertdreißig Baumarten darunter, von denen manche sehr alt oder sehr selten sind, wie etwa der *arbre aux 40 écus*, der Ginkgo biloba, auf den mich der Gärtner vorhin hingewiesen hat. Er sei ein lebendes Fossil, sagte der Mann, in China entdeckt und als heilig geltend. Noch mehr interessante Bäume gäbe es in der *École Du Breuil*, im *Arboretum de Paris*, doch das sei auf der anderen Seite von Paris. Ob ich denn etwas Bestimmtes suche, hatte der Gärtner noch gefragt, die Pflanzen aus dem Sahelgebiet oder Neu-Kaledonien seien zum Beispiel sehr sehenswert.

Suchen? Nein. Ich lasse mich treiben, immer wieder auf die botanischen Schilder blickend. *Arbre à caramel*, Karamellbaum, wie poetisch, steht auf dem einen. Im Herbst verströmen dessen Blätter einen süßlichen Geruch, daher der Name. Auch am größten Baum des *jardin botanique* komme ich vorbei, es ist der *ptérocarier* aus China, der lange Früchte trägt. Und an den wunderschönen Magnolienbäumen aus dem Südosten der USA mit ihren großen weißen, duftenden Blumen. Die Kinder habe ich dabei immer im Blick und freue mich, wie respektvoll sie durch die kleinen Alleen laufen und dabei Kakao- und Kaffeebäume entdecken, sich Zuckerrohr- und Bananenbäume anschauen und über die riesigen Kakteen in der *Serre du plateau est* und über die farbenfrohen Orchideen staunen. Egal in welchem Monat man die *Serres* besucht: Irgendetwas blüht hier immer – was

genau, steht auf dem *calendrier des floraisons* am Eingang sowie im Internet.

Inzwischen hat sich das Wetter beruhigt, wir haben es gar nicht gemerkt. Über eine etwa zwanzig Meter breite Treppe gelangen wir zum großen Parterre. Vierzehn *mascarons* aus dem Atelier von Rodin schmücken die Pfeiler der Terrasse. Diese Halbköpfe und -masken sollen böse Geister fernhalten. Vor bösen Wettergeistern, die mit faustgroßen Hagelkörnern die Glaskonstruktion durchbrechen, schützen sie indes nicht. Ich lasse meinen Blick schweifen über den Stilmix aus verschiedenen Jahrhunderten, in dem klassische Gartenarchitektur auf die Exotik fremder Pflanzen trifft und entdecke dabei sogar noch einen weiteren Garten, der japanisch inspiriert ist. Die Kinder freuen sich, im Teich die Karpfen füttern zu können. »Schöner hätte mein Kindergeburtstag nicht sein können«, flüstert mir abends, wieder zu Hause, Grégoire ins Ohr.

Tipp 1:
Es findet jedes Jahr im Sommer ein Festival klassischer Musik statt.

Tipp 2:
Werfen Sie einen Blick in das *Pré Catelan*, einen im Jahr 1856 inmitten des Bois de Boulogne errichteten, prachtvollen Pavillon, in dem sich heute ein Sterne-Restaurant befindet. Napoléon III hatte in seinem Londoner Exil den Hyde Park und weitere *pleasure gardens* kennengelernt und wünschte sich für die

französischen Parks ebenfalls Seen, Kaskaden, Kioske, Cafés, Musik- und Theaterpavillons sowie viel mehr Parkmobiliar. Die Pavillons waren wiederum eine Nachahmung der chinesischen Pavillons, die im achtzehnten Jahrhundert in England einge-führt wurden. Zahlreiche Bänke, Eisenstühle, Brunnen, Hüt-ten, Bonbon- und Zeitungskioske, Bootsverleihstationen und so prachtvolle Pavillons wie der Pré Catelan wurden danach in ganz Paris aufgestellt.

Tipp 3:
Im Nordosten von Paris, im Bois de Vincennes, können Sie in der *École Du Breuil – Arboretum de Paris*, 1400 Bäume und 485 unterschiedliche Arten bewundern.
École Du Breuil – Route de la Ferme, 75012 Paris

Infos:
· *Jardin des Serres d'Auteuil,* 3 Avenue de la Porte d'Auteuil oder 1 Avenue Gordon-Bennett, 75016 Paris
Métro: Porte d'Auteuil
Geöffnet von 8.00 Uhr bis 20.00 Uhr (an Feiertagen oft erst ab 9.00 Uhr); Achtung: Die Gewächshäuser schließen früher (16.00 Uhr oder 17.00 Uhr, je nach Jahreszeit)!

INMITTEN DES BOIS DE BOULOGNE
Der Gartenengel: Parc de Bagatelle

»Es ist ein kleines, tief gelegenes Haus, rote Backsteine«, schreibt die Gärtnerin Solange in ihrer Mail über unseren Treffpunkt, doch meine Gedanken bleiben an ihrem Namen hängen. Solange ... darin steckt ein Engel, *ange* ... und ich stelle mir eine filigrane Erscheinung mit engelsgleichem Gewand inmitten zarter Blumen vor. »Achtung, es gibt mehrere Pavillons!«, warnt Solange, »der markanteste und bekannteste ist die chinesische Pagode, die anlässlich der Weltausstellung von 1867 ganz nach der damaligen anglochinesischen Mode erbaut wurde. Aber den Pavillon meine ich nicht. Wir treffen uns im *pavillon du potager*, also in dem des Gemüsegartens, und der ist dagegen ganz unspektakulär.« Na prima, denke ich und fühle mich unsanft aus meinen Träumen gerissen: Statt Blumen, Brunnen und zarten Ranken also Artischocken, Kartoffeln und Tomaten – ich versuche, mir meinen Gartenengel im Gemüse vorzustellen. Es fällt mir nicht leicht.

Keine zwei Tage später stehe ich vor dem *pavillon du potager*. Während ich auf Solange warte, überlege ich, welche Wandlungen dieser Garten – ich weiß, es gibt den *Parc de Bagatelle* seit dem achtzehnten Jahrhundert – wohl schon alles durchgemacht hat. Denn Gärten wandeln sich mit der Zeit, sie sind nie im Stillstand. Mal müssen sie Kriege überstehen oder Jahre der Vernachlässigung und Unaufmerksamkeit. Mal werden sie zum Spielball von Moden oder Opfer der exzentrischen Wünsche ihrer Besitzer. Und manchmal waltet ein Gärtner in ihnen, der es mit seiner Liebe zu gut meint. Mein Blick schweift über den Garten: Was auch immer er in der Vergangenheit erleben musste, die Natur hat hier nicht lange gewartet und sich ihren Raum zurückgeholt.

Solange kommt mit forschen Schritten auf mich zu. Ihre blondgrauen Locken hat sie zu einem Pferdeschwanz gebunden und die Hände tief in den Jackentaschen vergraben. Sie begrüßt mich zunächst nur kopfnickend, dann streckt sie mir energisch ihre Hand entgegen. Ihr Händedruck ist zu kräftig für einen Engel.

Der Parc de Bagatelle im Westen von Paris, so erfahre ich jetzt, hatte schon viele Leben. Entstanden ist er um 1775, als der Graf von Artois, jüngster Bruder von Louis XVI., einen Pavillon im Wald von Boulogne erwarb, der schon Louis XV als Jagdschlösschen gedient hatte. Der abgelegene Ort – im dichten Wald, fern der trubeligen Hauptstadt und neugieriger Blicke – schien sich offenbar gut für galante Rendezvous geeignet zu haben: Die Gattin des Vorbesitzers, Marschall von Estrée, hatte sich hier ein dekadentes Liebesnest eingerichtet, es aber später vernachlässigt.

Als Marie-Antoinette eines Tages auf dem Weg zur Jagd nach Fontainebleau hier vorbeikam, rümpfte sie die Nase. Dann forderte sie ihren Schwager, Graf von Artois, mit einer Wette heraus: »Wetten, *cher Artois*, dass

du es nicht schaffst, in zwei Monaten aus diesem dunklen Stück Wald ein prunkvolles Ensemble aus Palais und
Gartenanlage zu schaffen, in dem *plaisirs*, Genuss, mit
nonchalance und *détente*, Entspannung, konjugiert wird!«
Kaum hatte sie diese Worte ausgesprochen, verschwand
sie auch schon mit ihrem Gefolge Richtung Fontainebleau.

Zwei Monate später, die Königin hatte ihre freche Wette schon fast vergessen, kam sie wieder an dem Anwesen ihres Schwagers vorbei und staunte nicht schlecht.
Tatsächlich hatte der Architekt François-Joseph Béranger
hier nicht nur in Windeseile das Schlösschen neu gebaut,
sondern auch einen für die Epoche typischen Garten geschaffen: einen *jardin à la française* mit Grotten, Wasser-
läufen und Blumenbeeten. Nach und nach sollte sich dieser Garten in einen anglochinesischen verwandeln, in
dem sich Exotik und französische Raffinesse bestens ver-
einten. Kleine Brücken, Felsen und eine grün-goldene
Pagode aus dem China des neunzehnten Jahrhunderts
entführten den Betrachter gedanklich auf ferne Reisen.
Hier war die *fabrique de jardins* am Werke, die seinerzeit
derart fantastische Konstruktionen im Jahrmarktstil in
den Gärten installierte, die viele Vergnügungsparks in
europäischen Großstädten – wie Kopenhagen mit dem
Tivoli-Park – inspirierten.

Im Laufe der Zeit wurde so einiges angebaut: im Jahr
1864 die Pferdeställe, 1865 eine Orangerie und 1873 die
Wachpavillons und die wunderschönen *grilles d'honneur,*
welche die Eingänge markierten. Als im Jahr 1905 Claude

Nicolas Forestier von der Stadt Paris, die den Park oder vielmehr seine seit der Revolution durch Erbstreitigkeiten vernachlässigten Reste aufgekauft hatte, mit der Restaurierung des Anwesens beauftragt wurde, zog ein weiterer Stil hier ein: Forestier war ein Freund von Claude Monet und wie in dessen Garten in Giverny gab es auch in Bagatelle bald einen Rosengarten und einen Seerosenteich.

Mein Gartenengel Solange gerät ins Schwärmen. Dies sei der schönste Arbeitsplatz der Welt, sagt sie. Zweitausendachthundert verschiedene Pflanzenarten gedeihen hier in thematischen Gärten sowie im Jardin des plantes. »Es gibt nicht nur meinen Gemüsegarten« – ich horche auf, als sie ihn ihr Eigen nennt – »sondern auch einen mediterranen Garten, einen für Iris und einen speziell für die Klematis-Sammlung.« Solange und ich laufen Letztere gemächlich ab. »Die Rosensammlung ist einmalig: Neuntausend Rosenpflanzen und tausendzweihundert Rosenarten haben wir. Wer sich Rosen aussuchen will, muss keinen Katalog wälzen, sondern einfach hier durchlaufen.« Sie seufzt: »Was ich am meisten liebe, ist der klassische Rosengarten und die *roseraie de paysage.* Insgesamt wachsen auf siebzehntausend Quadratmetern so viele Blumen in Hülle und Fülle, dass sich der Wettbewerb um die schönste Rose, der *Concours international de roses nouvelles,* fast von selbst ergab.« Sie bleibt kurz unter einem Pfefferbaum stehen, dessen rosa Knopfkörner inmitten der zartgrünen Blätterung mich jedes Mal erneut faszinieren. Dann schaut sie mich geradeaus an und sagt so leise wie stolz: »Und ich nehme daran teil.« Das zarte Flüstern des Wasserlaufes in der Nähe unterstreicht ihre Worte.

Man kann sich vorstellen, was für eine tägliche Herausforderung das Hegen und Pflegen der Rosen darstellt, die hier in allen Farben und Formen wachsen, alle unterschiedlich alt, umgeben von Buchsbäumen und in geometrischen Mustern gepflanzt. Das pittoreske und durch und durch romantische Gartengelände liegt zwischen Saint-Cloud und Neuilly und erstreckt sich über eine beeindruckende Fläche: Es ist mehr als dreimal so groß wie der Hyde Park in London und zweieinhalbmal so groß wie der Central Park in New York. Auch heute ist man, wie früher, weit weg von der Hauptstadt. Lediglich die grauschwarzen Hochhäuser von La Défense scheinen über die Baumwipfel in die Blumenpracht schauen zu wollen und mit ihnen die Tausende von Büro- und Bankangestellten, die hier im »Manhattan von Paris« arbeiten.

Es gelingt ihnen nicht. Paris ist weit weg. Pfaue schreiten gemächlich über die Wiesen. Wildgänse schnattern sich an. Rosen duften um die Wette, und Spaziergänger verlieren sich in den Sinneseindrücken dieses weitläufigen Areals inmitten vieler hundertjähriger Bäume. Nach unserer Begehung lässt mich Solange in der heute mit Bildern von Vögeln bemalten chinesischen Pagode allein zurück. Kein Mensch weit und breit. Nur die wie Lachen klingenden Schreie der in den Hohlräumen dieser alten Bäume nistenden Grünspechte dringen an mein

Ohr sowie der Gesang der hier in den höchsten Wipfeln hausenden Turmfalken und Bussarde und die Geräusche der Wasserhennen nebenan. Wieder denke ich daran, wie die Natur sich ihre Orte zurückerobert. Im kleinen Sechseck der Pagode knie ich mich kurz hin und hebe eine Feder auf, die ein Pfau hier verloren hat.

Infos:
· *Parc de Bagatelle*, Route de Sèvres á Neuilly, 75016 Paris
Métro: Pont de Neuilly
Geöffnet im Winter von 9.30 Uhr bis 17.00 Uhr, im Sommer von 9.30 Uhr bis 20.00 Uhr. Freier Eintritt im Winter, sonst Eintritt in Höhe von 2,50 Euro.

ACHTZEHNTES ARRONDISSEMENT

Katzenparadies im Reich der Toten: Friedhof Montmartre

Wie jeden Tag macht sich Jaqueline nach der Arbeit direkt auf den Weg. Sie hat die rote Strickjacke an. Dosen klappern in ihrem Beutel. Sie läuft am Moulin Rouge vorbei und am Théâtre des Deux Ânes, bei der Avenue Rachel biegt sie rechts ab, dann ist sie auch schon da: auf dem Friedhof Montmartre. Der elf Hektar große, grüne Friedhof im Norden von Paris wurde in einem stillgelegten Gipssteinbruch angelegt, etwa zur selben Zeit wie Père Lachaise und die anderen historischen Friedhöfe der Stadt. Der *Cimetière de Montmartre* aber ist der älteste von allen. Und der schönste – zumindest für Garçon, Painpain, Cagouille, Mickey, Bérénice und Jaqueline.

Auf Samtpfoten kommen sie gelaufen, umschmiegen die Beine der alten Apothekerin und schnurren selig. Denn Jaqueline ist keine jener Touristinnen, die mit der Übersichtskarte in der Hand die Gräber prominenter Toter suchen, etwa von Jean-Paul Sartre, Simone de Beauvoir, Heinrich Heine, Émile Zola, Dalida oder Jacques Offenbach. Stattdessen holt sie ein paar Dosen und einen Karton aus ihrem Beutel und schüttelt ihn leicht. Die Katzen miauen.

Jaqueline ist Mitglied im Verein *L'école du chat*, der sich um das Wohl der Katzen des Petit Père Lachaise, wie die Pariser liebevoll ihren Friedhof im Norden nennen, kümmert und der schon vor Jahrzehnten von Michel Cambazard gegründet wurde. *Nourricières* nennt man alte Damen wie Jaqueline, denen die Katzen auf dem Friedhof ans Herz gewachsen sind, wobei sich jede um etwa ein halbes Dutzend von ihnen kümmert. Die *nourricières* geben den Katzen Namen und füttern sie täglich. »Wir bringen etwas Leben auf diesen Friedhof mitten auf der *Butte Montmartre*«, sagt Jaqueline, die über ihre ehrenamtliche Arbeit eigentlich nicht so gern spricht. Sie nimmt viel Zeit in Anspruch und fordert die Sechzigjährige bei jedem Wetter – ob es regnet, friert oder die Hitze der alten Apothekerin fast den Atem nimmt. Doch Jaqueline ist nicht allein. Sie teilt sich die Arbeit mit vielen anderen Katzendamen und -herren sowie den Tierärzten aus dem Viertel, die sich um Impfungen und Kastrierungen kümmern und kranke Tiere verarzten.

Im Januar 1825 wurde der Friedhof eingeweiht und lag ursprünglich außerhalb von Paris. Er galt als abgeschieden und ländlich, bis er Stück für Stück von der Stadt geschluckt und von ihr eingekesselt wurde. Der Nordfriedhof, so der offizielle Name, entstand auf Wunsch Napoléons, der die Toten nicht allein der Kirche überlassen und auch laizistische Begräbnisse ermöglichen wollte. Daher findet sich in der Grabarchitektur neben Engeln und Kruzifixen auch immer wieder Antikes oder Byzantinisches. Gepflasterte Alleen durchziehen den Friedhof, Avenues genannt. Flankiert werden sie von zahlreichen Bäumen – Ahorn, Maronen, Linden und Thuja –, etwa achthundert Bäume sind es insgesamt. Doch wie viele Katzen leben wohl hier? Man sieht sie überall mit ihrem gepflegten Fell und ihren wohlgenährten Bäuchen. Sie schleichen über moosbewachsene Marmorplatten, schmiegen sich an antike Säulen, springen Treppen hinab und liegen wie selbstverständlich auf alten Gräbern.

Während Jaqueline zu den kleinen Katzenkörben unter der Eisenbrücke läuft, wandert ihr Blick das Stahlmonster empor, das dem Friedhof ein ungewöhnliches Dach beschert. Der Autolärm des Boulevard de Clichy dringt in ihre Ohren. Als man einst entschied, den *Pont Caulaincourt* über und durch den Friedhof zu bauen, weil eine Umfahrung schwierig erschien, waren die Gemüter lange erregt. Zwanzig Jahre mussten vergehen, bis die Pläne von Baron Haussmann schließlich realisiert wurden – übrigens von derselben Firma, die schon die ersten Dampflokomotiven inklusive Schienen sowie die unteren Fahrstühle für den Tour Eiffel baute. Fassungslos sahen die Pariser zu, wie über den Grabstätten gebaut wurde und den Verstorbenen der direkte Blick gen Himmel von reichlich Eisen verstellt wurde. Das Grab von Stendhal zum Beispiel lag einst in der Sonne; nun aber schläft der große Dichter unter der Brücke.

Jaqueline ist eigentlich dankbar über das Konstrukt, denn so haben ihre geliebten Katzen Garçon, Painpain, Cagouille, Mickey und Bérénice ein zusätzliches Dach über dem Kopf. Als hätten sie nicht schon all die vielen Dächer der ganz nach dem Vorbild echter Häuser gebauten Familiengruften aus verwittertem grauen und

beige Sandstein! Hier treiben sich die Katzen gern herum, springen um die Giebel und Pyramiden, die Kuppeln und Türmchen und sorgen sich kein bisschen, dass in den Schächten die Toten auf vier, fünf oder sechs Etagen gebettet liegen.

Katze Cagouille liegt besonders gern auf dem Grab des Malers Edgar Degas. Das Rotlichtviertel um den Moulin Rouge war sein *quartier*, Balletttänzerinnen seine liebsten Modelle; viele seiner Motive kann man noch heute direkt um die Ecke vom Friedhof entdecken. Katze Painpain räkelt sich derweil auf dem Grab der Alphonsine Plessis, sie war das Vorbild für die Kameliendame im gleichnamigen Roman von Alexandre Dumas dem Jüngeren. Auch Jaqueline besucht das Grab gern, obwohl sie bedauert, dass die Geschichte kein Happy End hat. Doch wo ist Kater Garçon? »In dieser Stadt der Toten spielen die Katzen Verstecken«, sagt Jaqueline und macht sich auf die Suche.

Mit einem Schälchen Futter in der Hand nach ihren Schützlingen zu suchen, gehört zu den täglichen Routinen der *nourricières*. Genauso wie die *dodos*, die Schlafplätze für die Katzen, einzurichten. Den Katzen soll es an nichts fehlen in der Freiheit – davon hätten schließlich alle etwas. So manchem Städter, der auf der Flucht vor dem Trubel an der Place Pigalle über den *cimetière-jardin* schlenderte, haben die kleinen Kreaturen schon ein Lächeln ins Gesicht gezaubert.

Und die Toten? Ob sie tief unter der Erde das sanfte Schnurren als leichtes Vibrieren spüren? Klingt es nicht wie poetisches Gemurmel, wie ein Wiegelied der Freiheit? Das Wort *cimetière* stammt von dem lateinischen *coemeterium*, was wiederum von dem griechischen *koimêtêrion* stammt und *dortoir* heißt: Schlafstatt. Auf Heinrich Heines Grab thront eine mit Schmetterling und Leier dekorierte Büste auf einem konischen Pfeiler. Zu ihren Füßen entdeckt Jaqueline schließlich Kater Garçon, friedlich mit eingerolltem Schwanz schlafend. Hätte Heine das gefallen? Sein *Katzengedicht* jedenfalls legt das nahe:

Katze, meine schöne Katze,
Konntest du mich so verletzen,
Wie mit grimmer Tigertatze
Mir das arme Herz zerfetzten!
Dieses Herz war, ernst und trübe,
Längst verschlossen allem Glücke;
Ach, da traf mich neue Liebe,
Denn mich trafen deine Blicke.
Heimlich schienst du zu miauen:
Glaube nicht, dass ich dich kratze,
Wage nur mir zu vertrauen,
Ich bin eine gute Katze.

Tipp:
Cimetière Saint-Vincent
Vom Maler Maurice Utrillo über die Opernsängerin Mireille Berthon bis zum Schriftsteller Marcel Aymé – auf dem kleinen

Friedhof Saint-Vincent sind noch viele weitere Künstlerpersön-
lichkeiten begraben, die direkt mit der Geschichte Montmartres
zu tun hatten. Es ist ein Ort der Ruhe und eine kleine grüne
Oase, benannt nach dem Namenspatron der Winzer, Saint-Vincent.

Cimetière Saint-Vincent, 6 Rue Lucien Gaulard, 75018 Paris
Métro: Lamarck-Caulaincourt

Infos:

• *Cimetière de Montmartre (Cimetière du Nord)*, Eingang: 20 Ave-
nue Rachel, 75018 Paris
Métro: Blanche
Täglich geöffnet von 8.00 Uhr bis ca. 18.00 Uhr. Freier Eintritt.

Die Reben auf Montmartre und das Wilde ums Eck: Vignes de Montmartre und Jardin sauvage Saint-Vincent

»Wirf' mal die Rebschere rüber!«, sagt Marine, während sie ihre Schürze bindet. Dabei hat sie die Schere doch selbst erst in den großen Weidenkorb geworfen. Die Schürze erfordert offenbar Marines ganze Konzentration.

Langsam verzieht sich der trübe Frühnebel von dem hundertdreißig Meter hohen Hügel nahe der Buttes-Chaumont und gibt den Blick frei auf die Trauben, die gleich in unsere Körbe wandern – eine Mischung aus Sauvignon, Chardonnay, Muskat und Chasselas. Bis zu dreißig Rebsorten wachsen auf diesem kleinen Hügel! Die schiere Masse, so behauptet Marines böse Zunge, soll deren Minderwertigkeit kaschieren. Gegen solche Verurteilungen verwehren sich natürlich die beiden von der Stadt engagierten Weinexperten, die sich seit einigen Jahren rührend um die Reben kümmern. Sylviane ist eine von ihnen. Sie nimmt Marine beiseite, um ihr zu zeigen, wie man die Trauben richtig erntet, vielleicht aber auch, um sie freundlich zu ermahnen, nachsichtiger mit dem Montmartre-Wein zu sein. Wir lernen, dass man die Rispe recht nah an den Trauben kappt und die Früchte dann in der gewölbten Hand vorsichtig in den Korb legt. Wir haben nicht so viel vor. Die kleine Gruppe von Anwohnern, die an diesem Tag wie jeden Herbst bei der Weinlese hilft, müsste in zwei, drei Stunden fertig sein.

Schon um das Jahr 944 wurde auf dem Montmartre Wein angebaut, später sicherte er dem Benediktinerkloster seine Einnahmen. Über Jahrhunderte waren die Bewohner sowohl Bauern als auch Winzer und bearbeiteten ihre Reben bis in die Pariser Ebene. Le Clos Berthaud, La Goutte d'Or oder La Sauvageonne hießen die Weine – produziert für den Eigenbedarf in kleiner Stückzahl.

»Danach war dies ein Ort der Gärten«, erzählt Sylviane, während wir beide vor den Reben stehen, »im achtzehnten Jahrhundert war der Hügel sogar zu zwei Dritteln von Gärten bedeckt. Wie schön muss das ausgesehen haben! Stell dir vor, da drüben, wo heute der Wein wächst, standen ein Haus und ein Garten. Toulouse-Lautrec ging dort zum Malen hin, Renoir in das Haus gleich daneben. Erst 1860 wurde Montmartre eingemeindet und gehört seitdem zu Paris.«

Sylviane reicht mir einige Trauben, ein paar wandern direkt in meinen Mund. »Zum Glück ist hier alles bio«, sage ich kauend, doch Sylviane widerspricht:

»Ja, tatsächlich ist mittlerweile alles bio, das soll aber nicht heißen, dass nichts behandelt wurde. Aber keine Sorge«, Sylviane quittiert meinen gequälten Blick, »du stirbst nicht gleich.«

»Wenn hier überall Gärten waren, wo kommen denn die heutigen Reben her?«, frage ich, um nicht weiter darüber nachdenken zu müssen, womit die Trauben denn behandelt wurden.

»In den dreißiger Jahren, als Paris einen Bauboom erlebte, war genau hier ein großes Gebäude geplant. Die

Leute aus dem Viertel wollten aber nicht, dass der grüne Hügel zu einer Steinwüste wird. Und was taten sie? Sie pflanzten dreitausendzweihundertfünfzig Rebstöcke aus Fontainebleau aus dem Domaine de Thomery.«

Heute sind es nur noch zweitausend, für einen Rekord aber reicht das: Der Montmartre ist das kleinste Weinanbaugebiet Frankreichs. Und eine Oase für die Tiere. Vögel zwitschern, Eichhörnchen klettern Bäume hoch, Insekten summen. Es ist schön, in den angrenzenden Straßen spazieren zu gehen, auch wenn der Weinberg für das Publikum nicht zugänglich ist. Diese Ruhe, man glaubt sich in einem Dorf.

Sylviane lebt nur ein paar Straßen weiter weg, immer noch im 18. Arrondissement nahe des Square Marcel Bleustein-Blanchet. Als eine der Park- und Gartenagenten der Parkanlagen und Grünflächen von Paris, welche die Rebstöcke unterhalten, ist sie nur gelegentlich hier. Die gelernte Oenologin kennt sich gut aus mit den *crûs*. Unserer heißt Clos de Montmartre. Die Trauben des Weinbergs geben lediglich fünfhundert Liter, erzählt sie, das sei eigentlich nicht viel. Der Wein wird in den Kellern des Pariser Rathauses gepresst und dann für einen guten Zweck verkauft. Doch es sind nicht die einzigen Reben in Paris. In Belleville (allerdings viel später gepflanzt) sowie im Parc André-Citroën versucht man sich ebenfalls an einem Pariser Wein.

Aufgrund der Nordlage des Hangs brauchen die Trauben vom Montmartre etwas länger, um zu reifen. Geerntet wird daher erst am zweiten Wochenende im Oktober.

Dann tauchen die bunt behüteten Köpfe der Erntehelfer – Anwohner wie wir sowie die *agents* – zwischen den Reben auf wie *guignols* in den Kasperletheatern der Pariser Parks und werden von Sylviane wohlwollend orchestriert. Wir hatten Glück, Marine und ich, dass wir überhaupt einen Platz bei diesem beliebten Event ergattert haben. Es gibt keine Kriterien für die Auswahl, entsprechend lang ist die Liste und mancher versucht, seine Position zu verbessern, indem er bei der Anmeldung angibt, schon als Kind in der Champagne oder im Burgund bei der Weinlese geholfen zu haben. Die große Nachfrage ist verständlich: Wer stapft nicht gerne einmal für ein paar Stunden durch die Reben, die er das ganze Jahr über nur vom Fenster aus anschauen durfte?

Der Geruch der Trauben und des feuchten Herbstgrases sowie der Anblick von Frauen und Männern in Gummistiefeln erstaunt, so mitten in Paris. Sylviane schleppt die Weidenkörbe mit unserer Ernte über ein paar Stufen in eine Ecke des Gartens und reiht sie nebeneinander auf. Dann versammelt sie alle Erntehelfer zu einer kleinen, festlichen Ansprache. Das Weinfest, das gegen Mittag hier steigen wird, ist seit je ein kleines Spektakel und zog schon immer allerlei Prominenz an, wie etwa im Jahr 1934 die legendären Mistinguett und Fernandel. Das Fest war den Parisern so wichtig, dass für die Show schon mal ein paar Trauben dazugekauft wurden, wenn die Ernte mal nicht so üppig ausfiel. Ich täte ja viel daran, Mistinguett und Fernandel als Erntehelfer zu erleben. Doch statt ihrer treffen jetzt die städtischen De legationen in ihren traditionellen Kostümen ein. Das Fest nimmt seinen Lauf: Der Wein vom Vorjahr wird verkostet und über die Qualität des diesjährigen Jahrgangs diskutiert – ob wohl die drei Wochen Regen im August so günstig waren, was die Septembersonne noch hat anstellen können und so weiter –, bis Marine und mir das offizielle Blabla zu viel wird.

Wir nehmen uns zwei Gläser und eine der Flaschen aus dem Vorjahr und laufen zum nahe gelegenen *Jardin sauvage Saint-Vincent*, die Hände in den Schürzentaschen vergraben, den Schal etwas fester um den Hals gebunden, es ist kühl geworden. Der Park liegt ganz nah an den Rebstöcken und ist mit seinen zweitausend Quadratmetern für uns aus dem Viertel ein kleines Refugium.

Recht spät wurde er angelegt, im Jahr 1985, und dann weitestgehend sich selbst überlassen. Hier wächst alles wild, aber es gibt einen zentralen Weg, einen Teich, auch ein paar Kräuter und Heilpflanzen machen sich breit. Da man den Garten im Winter nicht besuchen kann und er bald schließt, freuen wir uns wie zwei kleine Mädchen auf den Moment, mit der Flasche Montmartre-Wein inmitten der Kräuter sitzend, glücklich und nur zu zweit auf unser Tagwerk in den Reben anzustoßen. *Petit plaisir* würde Marcel Aymé zu diesem Augenblick sagen. Das Grab des Dramatikers liegt auf dem nahen *cimetière Saint-Vincent*, nicht weit entfernt vom Grab von Maurice Utrillo.

Am späten Nachmittag ist der Rummel vorbei, die Ruhe des Viertels legt sich wieder über die Reben, Eichhörnchen lugen aus Baumlöchern hervor und die Nachtigall ertönt wieder, als Marine und ich mit der leeren Flasche aus dem *jardin sauvage* treten. Das war ein schöner Samstag auf unserem Hügel.

Tipp:
Von den sehenswerten Renoir-Gärten in dem Musée de Montmartre, 12 Rue Cortot, 75018 Paris, aus überblickt man die Reben von Montmartre.

Info:
· *Vignes de Montmartre (Clos de Montmartre)*, Rue des Saules /
 Rue Saint-Vincent, 75018 Paris
Métro: Lamarck-Caulaincourt
Nur von den angrenzenden Straßen einsehbar, bis auf wenige Ausnahmen – wie z.B. bei der *Fête des jardins* oder bei der Weinlese im Herbst – für das Publikum geschlossen.
· *Jardin sauvage Saint-Vincent*, 17 Rue Saint-Vincent, 75018 Paris
Geöffnet jeden ersten Sonntag des Monats von 10.30 Uhr bis 12.30 Uhr sowie jeden 3. Mittwoch des Monats von 14.30 Uhr bis 16.30 Uhr.

Literatur- und Kunsthinweise:
Vincent van Gogh, *La Colline de Montmartre avec une carrière de pierres*
Auguste Renoir, *Der Garten der Rue Cortot*
Marcel Aymé, *Die grüne Stute; Der Mann, der durch die Wand gehen konnte*

NEUNZEHNTES ARRONDISSEMENT
Auf Schatzsuche in den Buttes-Chaumont

Monsieur Jean Charles Pimpont, wegen seines kleinen schwarzen Spitzbarts von seinen Schülern liebevoll *barchichon* genannt, hat sich für den »Tag der Natur« etwas Besonderes ausgedacht: Mit seiner 10. Klasse will der Lehrer im nach der Hügellandschaft benannten Landschaftsgarten *Buttes-Chaumont* im Nordosten von Paris eine »Jagd nach Objekten« veranstalten. Doch nicht nur die Schüler des beliebten Lehrers finden sich ein, sondern auch so mancher Bewohner der zweigeschossigen Backsteinhäuser mit Vorgärten, die so typisch sind für das direkt an die Buttes-Chaumont angrenzende Viertel *quartier de la Mouzaïa.* Auch Pimponts junge Kollegin Stéphanie Mirambeau ist gekommen, für sie ist der Ausflug eine willkommene Abwechslung vom grauen Schulalltag.

Pimpont klappt seinen mitgebrachten Stadtplan von Paris auf und zeigt auf die Gartenanlage oben rechts im Plan. Die asymmetrische Paisley- oder Nierenform der Gärten ist hier gut erkennbar, ebenso der künstliche See und das verzweigte Wegenetz, das erstaunlicherweise komplett ohne Sackgassen funktioniert. »Schaut her«, sagt der Lehrer zu seinen Schülern, die sich im Kreis um ihn aufgestellt haben, »alles an und in diesen Anlagen aus dem neunzehnten Jahrhundert ist fließend. *Tuileries du peuple* hieß der Garten im Volksmund. Napoléon III, der damals ganz Paris begrünte und verhindern wollte, dass der Westen grüner würde als der Osten, hat ihn in Auftrag gegeben. Entworfen wurde der Park dann von Jean Charles Alphand.«

Pimpont holt tief Luft und überprüft, ob ihm alle noch zuhören. Er ist zufrieden, seine interessierten Schüler wollen die Geschichte von Napoléon weiterhören. »Alphand hatte Napoléon schon mit dem Umbau des Bois de Boulogne und des Parc Monceau bewiesen, dass er seine Aufgabe verstand. Er war nicht allein, an seiner Seite arbeiteten verschiedene Ingenieure und Landschaftsgärtner, die für den Wasserbau, die Felskonstruktionen sowie für die einzelnen Gartenanlagen zuständig waren.« Der schlaksige Lehrer schaut den Schülern reihum in die Augen, runzelt die Stirn und senkt seine Stimme: »Heute könnt ihr euch kaum vorstellen, auf was für einem grässlichen Terrain der Garten entstand. Der alte Steinbruch diente der Stadt nicht nur als Müllkippe, hier warfen auch Pferdehändler Zehntausende Tierkadaver ab. Es wimmelte von Ratten und Ungeziefer und stank nach Fäulnis und Fäkalien. Bettler lungerten herum, kriminelle Banden lagerten ihr Diebesgut und Prostituierte boten sich Freiern an.«

Pimponts Schüler sind in Gedanken versunken, sie versuchen sich die Szenerie vorzustellen. »Auch wurden hier die verbotenen Tierkämpfe zwischen Stieren und Hundemeuten veranstaltet. An diese Kämpfe erin-

nert heute noch der Name eures Viertels: *quartier du combat*!« Spätestens jetzt hat er die Aufmerksamkeit aller und fährt fort: »Als ›Avantgarde der Landschaftsarchitektur‹ galt die Anlage, die in nur drei Jahren gebaut wurde. In dieser Zeit wurden regelrecht Berge versetzt, um eine Kunstlandschaft zu kreieren, die man heute *jardin pittoresque* nennt und die auch als solcher vom französischen Staat als *site classé* und schützenswert klassifiziert wird. Buttes-Chaumont, als der Inbegriff des pittoresken Gartens, wurde Maßstab für andere in Europa, wie z. B. den Palmengarten von Frankfurt (1871) oder den Wiener Türkenschanzpark (1888). Tausend Mann und hundert Pferde, zwei Dampfmaschinen und etliches an kurz zuvor überhaupt erst erfundenem Dynamit und an Beton wurden eingesetzt, damit die Landschaft, zerklüftet, wie sie war, bald aussah, als wäre sie einem Gemälde entsprungen: eine unregelmäßig angeordnete Ruinenszenerie mit ungleichmäßigen Linienführungen schwebte den Parkarchitekten vor. Tatsächlich ließen sie sich von der Malerei inspirieren, etwa von Jean-Honoré Fragonard, dem Landschaftsmaler aus dem Rokoko, oder dem Ruinenmaler Hubert Robert ... Eine Mammutaufgabe unter Zeitdruck – zur Weltausstellung sollte alles fertig sein. Es gab viele Probleme beim Umbau *à la Baron Haussmann*, die groben Erdarbeiten forderten die Bauarbeiter mehr und mehr heraus. Der Bau der Straße, die quer durch den Garten führte, und die Aufschüttung des Humus waren dagegen fast ein Kinderspiel. Integriert wurde auch die *chemin de fer de Petite Ceinture*, also die

Eisenbahnlinie, die wie ihr Pendant im *Parc Montsouris* als Symbol für Mobilität und Fortschritt im neunzehnten Jahrhundert galt. Im zwanzigsten Jahrhundert wurde sie aber stillgelegt.«

Bevor seine Schüler fragen können, wie teuer das Experiment Buttes-Chaumont wohl geworden ist, gibt Pimpont schon die Antwort: »Die Kosten explodierten ins Unermessliche. Der mit dem Bau beauftragte Baron Haussmann musste sein Werk ständig vor seinen Kritikern verteidigen. Dabei besänftigte er sie mit dem Argument, es sei als *trait d'union* – als Bindestrich – zu verstehen, als verbindendes Element zwischen den nordöstlichen Stadtteilen, die Napoléon ja haben wollte. Und tatsächlich wurde der Garten, der damals noch weit vom Zentrum entfernt lag, zur Weltausstellung 1867 eröffnet. Doch er zog nicht nur Besucher, sondern auch Bauspekulanten an, die bald anfingen, die Umgebung zu erschließen, bis der Garten völlig von der Stadt verschluckt wurde.«

Pimpont führt seine Klasse und Stéphanie nun zu den vielen Baumdenkmälern des Gartens: zum Riesenmammutbaum, zum japanischen Schnurbaum, zu der über dreißig Meter hohen orientalischen Platane sowie zum original Ginkgo aus dem Jahr 1862, vorbei an sibirischen Ulmen, einer imposanten Libanonzeder sowie dem Milchorangenbaum, der im letzten Jahr doch tatsächlich wieder Früchte trug. Es sieht nach einem fröhlichen Landausflug aus, die Gruppe wird immer lauter, die anderen Besucher aus dem umliegenden Viertel schauen sie neugierig an. Doch dann fordert der Lehrer seine Schüler auf, die Objekte zu suchen, die er vorher versteckt hat. Schnell verteilen sich die Schüler in alle Richtungen und fragen sich neugierig, was auf dieser Safari wohl alles an Schätzen zu finden sein wird.

Während die Klasse sucht, unterhält sich Pimpont mit seiner jungen Kollegin, die aus der Champagne kommt und erst seit zwei Jahren in Paris lebt. »Eigentlich ist unsere Stadt voller Hügel, das vergisst man leicht, nur die *Butte Montmartre* oder *Butte de Belleville* sind bekannt. Früher standen Windmühlen auf den Buttes von Paris. Doch unsere Buttes-Chaumont sind nur fünfundsiebzig Meter hoch. Etwas mondhaft und kahl wirkten sie, daher auch der Name aus *butte* (Anhöhe) und *chaumont*, was sich wiederum aus *chauve* (kahl) und *mont* (Hügel) zusammensetzt.« Pimpont fährt fort: »Auf diesen Böden, einer Mischung aus Kalk, Lehm und Mergel, wuchs rein gar nichts. Also legte man hier einen Steinbruch für Ton und Gips an. Da beides damals oft nach Amerika exportiert wurde, hieß das östliche Viertel bald *quartier d'Amérique*. Der Steinbruch ging fast hundert Meter in die Tiefe, die Männer arbeiteten oft unter Tage. Gips benutzte man für Stuckaturen und Kunstplastiken, aber auch für Farbpulver – das Material diente Künstlern.«

»Wann wurde der Steinbruch geschlossen?«, fragt Stéphanie.

»Das war im Jahr 1870. Doch man konnte den Hügel danach nicht einfach bebauen. Zu sehr befürchtete man, dass die unterirdischen Gänge aufgrund der Baulast zusammenbrechen konnten. Baron Haussmann wurde also beauftragt, hier eine *promenade publique* anzulegen. Im Gegensatz zu den geraden Boulevards, die er sonst quer durch die Stadt zog, eine echte Herausforderung!«

Pimpont dreht sich zu der bekanntesten Stelle in den Buttes-Chaumont um, die Replik der Rotunde des Sibyllentempels im Tivoli in Rom. »Alphand hat vom Steinbruch einiges übriggelassen. Wer die ursprüngliche Nutzung kennt, sieht die betonten oder umformten Stellen. Als wäre ein Geist über die Landschaft geschwebt. Das neunzehnte Jahrhundert ist im Garten präsent, Gustave Eiffel spannte diese fünfundsechzig Meter lange Hängebrücke vom Westen des Sees bis zur *Île du Belvédère*, die als Eisenkonstruktion Nachahmer fand.«

Auf der Brücke bückt sich Stéphanie und schaut nach unten in den grünlich schimmernden See: »Ich habe gehört, hier werden Fische gezüchtet. Wer die richtige Erlaubnis beantragt, darf hier angeln.«

»Das stimmt«, antwortet Pimpont, »und die Vogelschutzorganisation, der ich angehöre, bietet Führungen an. Viele Sing- und Wasservögel leben hier, Lachmöwen, Graureiher, Bachstelzen und Eisvögel. Abends kreisen Fledermäuse über die Köpfe der Sternengucker an den Teleskopen, die man gratis benutzen darf. Mars, Jupiter und Saturn hoffen sie an klaren Sommerabenden, trotz der vielen Lichter von Paris, zu sehen. Nur im Sommer ist der Park durchgehend geöffnet. Ansonsten ist er ein *parc fermé*, abends werden die Eisengitter geschlossen. Da ist es gut, die Öffnungszeiten zu kennen, sonst wird man eingeschlossen. Das ist mir schon mal passiert und ich musste über die Mauer klettern! Man kann hier aber auch schnell die Zeit vergessen. Was für eine unglaubliche Landschaft, schon Henri Rousseau malte sie, und überhaupt: Was für eine Filmkulisse!«

Pimpont gerät ins Schwärmen und wechselt von einem Lieblingsthema zum nächsten, von der Natur zum Film, und vermutet in seiner Kollegin weiterhin eine geduldige Zuhörerin. »Wusstest du, dass Éric Rohmer hier *Nadja à Paris* drehte? Und *Die Frau des Fliegers*? Im Nordosten von Paris wurden überhaupt zahlreiche Filme gedreht: in den allerersten großen Gaumont-Studios. Gaumont – du weißt doch ...«

Doch Stéphanie ist leicht gelangweilt und nimmt, statt zu antworten, lieber Blickkontakt zu den Schülern auf, die sich einer nach dem anderen wieder zu ihnen gesellen. Sie zeigen ihre Fundstücke: einzelne Naturbücher, ein Fernglas, ein Tuschkasten, Pinsel und eine Staffelei – das alles hat Pimpont am Morgen an besonderen Stellen versteckt.

Da Stéphanie mit Filmwissen nicht zu begeistern zu sein scheint, fällt Pimpont ein weiterer Vorzug der Buttes-Chaumont ein: »Wanderst du gerne? Hier kreuzen sich zwei bekannte Paris-Wanderwege, TP2 und TP3.«

Doch auch auf diesem Ohr ist Stéphanie taub. Viel lieber würde sie mal in die Café-Tanzbar Guinguette Rosa Bonheur gehen. Es heißt, dort gäbe es jeden Donnerstag sagenhafte Musik zum Mitsingen und Mittanzen. In den Buttes-Chaumont gibt es drei Restaurants und einige kleine Kioske am See, des Weiteren Karussells, Schiffsschaukeln aus dem neunzehnten Jahrhundert, Spielplätze und zwei Guignols-Theater. In deren Nähe lässt sich die Gruppe nun nieder und begutachtet die gefundenen Schätze.

Rasch wird klar, wie die Schüler den Rest des Tages verbringen: mit Malen in der freien Natur. Ab und an machen sie eine Pause und toben wie Kinder auf den alten Schiffsschaukeln und kaufen sich am Kiosk Sandwiches und Eis. Pimpont setzt sich neben Stéphanie und denkt sich, wie gut es doch Alphand gelungen ist, die Natur zu zähmen und aus dem Park ein künstliches Amüsement-Objekt zu gestalten, in dem sogar hundert Jahre später eine kleine Horde Schüler ihren Spaß haben kann.

Infos:
· *Buttes-Chaumont*, Place Armand-Carrel, 75009 Paris (weitere Eingänge: 1-7 Rue Botzaris; 2-6b Rue Manin; 55 Rue de Crimée und 42 Avenue Simon-Bolivar)
Métro: Buttes-Chaumont

Film- und Kunsthinweise:
Éric Rohmer, *Nadja in Paris; Die Frau des Fliegers*
Henri Rousseau, *Die Promenade im Parc des Buttes-Chaumont*

NORD UND WEST

In der Farbpalette Monets:
Haus und Garten Claude Monet

Jean-Marie hatte mir genaue Anweisungen gegeben: »Komm möglichst früh im Jahr und unter der Woche, sobald der Garten geöffnet hat, dann sind noch nicht so viele Touristen da.« Ich bin seinem Rat gefolgt und der Chefgärtner von Claude Monets üppig blühendem Garten in Giverny holt mich gleich in der Früh am Eingang ab. In Jeans und T-Shirt steht der fünfzigjährige Jean-Marie vor mir. Heute wird es warm werden. Seine sonnengegerbte Haut zeugt von seinem Wind-und-Wetter-Job. Mit kräftigem Händedruck begrüßt er mich und zieht mich gleich in die blumenumsäumten Gänge in der Mitte des Gartens, den Monet einst gestalten ließ.

»Mein Anliegen ist es, den Geist zu bewahren, ihm treu zu bleiben. Das sagt auch Monsieur Gall, der Direktor unserer Fondation Monet. Es muss ein kohärentes Ganzes ergeben, was ich tue, sonst hat das keinen Sinn.« Wir sind kaum ein paar Schritte gegangen und schon tief in der Materie. »Dabei gehe ich nicht wie ein Historiker vor, sondern ich nähere mich meinem Ziel, indem ich suche. Zum Beispiel suche ich ein ganz bestimmtes Blau aus Monets Bildern. Es gibt nicht mehr als zehn Blumensorten, die genau dieses Blau ergeben, musst du wissen.«

Jetzt, im April, bestellt Jean-Marie schon die Samen für das nächste Jahr. Er hat seine zuverlässigen Boten und Zulieferer, mit denen er schon lange zusammenarbeitet – und manchmal auch weitersucht: »Wenn es eine bestimmte Blumensorte plötzlich nicht mehr gibt, weil sie ausgestorben ist – das kommt schon mal vor –, haben wir viel Recherche zu betreiben, um herauszufinden, welche Blume der verschwundenen am nächsten kommt. Es ist ein *travail artistique*, nicht vergleichbar mit Monets Arbeit, nein. Aber es geht schon ein bisschen in die Richtung.«

Jean-Marie erklärt mir, dass es nicht nur auf die Farben der Blumen ankommt, sondern auch auf die Wuchshöhe und -breite der Pflanzen sowie auf ihre Blütezeit im Jahresverlauf: »Das Ganze funktioniert dreidimensional, sozusagen. Und wir müssen alles systematisch berechnen und planen, um das Resultat zu bekommen, das wir uns vorgestellt haben.« Von diesem *plan superposé*, den sich überlagernden Plänen, der Dreidimensionalität, mit der die Gärtner arbeiten, hat mir auch schon Monsieur Gall bei unserem Gespräch erzählt. Hier, vor dem rosafarbenen Haus von Monet, verstehe ich besser, was er meinte, werden diese Dimensionen nun greifbar und plastisch.

Jean-Marie fährt fort: »Monet selbst, so sagen wir Monet-Gärtner, *marchait au coup de cœur*, er arbeitete seinem Herzen nach. Er ließ sich von seinen Gefühlen und seinem Herzen leiten, seinen Wünschen und Hoffnungen – und entschied zuweilen ganz spontan. Er hatte niemals Besucher oder fremde Betrachter im Sinn. Er entschied nach seinem *goût*.« Wie der Garten unter Monet ausgesehen hat, lässt sich anhand von Fotografien und Aufzeichnungen rekonstruieren. Im Archiv liegen Listen seiner Lieblingspflanzen und -blumen, Pläne des Botanikers James Butler, Briefe an den Kunsthändler Bernheim-Jeune sowie Rechnungen von Baumschulen und Gärtnereien. Und dann sind da natürlich die Bilder: Monets eigene impressionistischen Gemälde und die seiner wenigen Freunde, mit denen er die Gartenleidenschaft teilte.

»Die *vision artistique*, die Monet verfolgte, erlaubt uns heute noch einige Freiheiten«, erklärt Jean-Marie. »Aber nicht zu viele! Denn wenn wir zu sehr experimentieren, sagt Mr. Gall, wir würden der Mona Lisa einen Schnurrbart verpassen.«

Ich muss lächeln bei diesem Vergleich.

»Es soll zwar ein paar Symmetrien und Perspektiven geben«, höre ich Jean-Marie fortfahren, »vor allem eine gewisse Mehrdimensionalität und Vertikalität, aber bloß nichts Starres, nichts *bourgeoises*, und vor allem: keinerlei Wiederholungen. Glaube mir, Murielle, das ist schwierig, Wiederholungen zu vermeiden bei insgesamt fast dreihunderttausend Pflanzen und vierhundert Blumensorten! Monet wäre aber glücklich, wenn er uns heute sehen würde. Hatte er doch selbst an die zweihunderttausend.«

Seit mehr als drei Jahrzehnten ist Jean-Marie Gärtner im Monet-Garten. Er war gerade zwanzig, als er hier als Saisonarbeiter anfing. Heute kennt er jeden Winkel des Gartens und leitet ein Team aus elf Gärtnern und zwei Auszubildenden. »In Monets Garten zu stehen wie in einem Gemälde und in ihm zu arbeiten, berührt mich immer noch. Es ist ein Garten, den es so kein zweites Mal auf der Welt gibt. Er ist weder *à la française* noch im englischen Stil. Er wurde von Monet erdacht und Jahr für Jahr durch seine Hände und Visionen verändert. Monet hat den Garten wie ein Kunstwerk geschaffen und wie eine Leinwand bearbeitet. Der Garten ist das Ergebnis der Gedanken eines Künstlers.«

Jean-Marie wird von einem Kollegen angesprochen, der mit Falten auf der Stirn eine Klematis anschaut, die nicht so recht wachsen will. »Schau mal, Jean-Marie, hier fehlt ein Tupfen Blau. Was sollen wir tun? Ich schlage vor, eine neue zu setzen. Einverstanden?«

Jean-Marie nickt und zu dritt schreiten wir an dem rosa Haus vorbei in die dahinter liegenden Gewächshäuser. Zweihundertfünfzigtausend Pflanzen werden hier gezogen, so viele, wie in der nächsten Saison benötigt werden. Dies sei der schönste Ort der Welt, sagt eine der Gärtnerinnen, die hier für die Saat zuständig ist. In Dutzenden Tontöpfen wachsen Lilien, in zwei Wochen kommen sie raus in den Garten.

»Im Winter haben wir viel zu tun, das ist wie ein Wettlauf gegen die Uhr. Zur jährlichen Wiedereröffnung des Gartens Ende März, zu dem jedes Jahr Hunderttausende Besucher aus aller Welt kommen, muss alles fertig

sein. Jedes Beet, jede Parzelle wird umgegraben, neu geplant und verbessert.«

Monsieur Gall hatte mir erzählt, dass Monet abends
beim schönsten Licht mit seiner Zigarre zwischen den
Fingern gern hier vor seinem Haus stand und auf seinen
jardin d'eau blickte.

Ob er denn auch mal zur Ruhe komme, möchte ich
von Jean-Marie wissen. Morgens bei Tagesanbruch, einige Stunden bevor die ersten Besucher kommen, haben die Gärtner den Garten für sich, erzählt er: »Es ist
ruhig und friedlich und der Garten entspricht dann am
ehesten dem Garten, den Monet gestaltet und geliebt hat.
Doch wir können ihn nicht mit einer Tasse Kaffee in der
Hand durchlaufen und den Duft der Blumen genüsslich
einatmen, denn morgens gibt es am meisten zu tun. Die
ersten Stunden im Garten entscheiden den Tag.« So
müssten die Blumenrabatten nach verblühten Blüten
durchgesehen und gesäubert werden.

»Komm, wir nehmen die grüne Gartentür, durch die
Monet immer ging, um die Straße zu überqueren. Kaum
zu glauben, aber zu seinen Zeiten war das ein Feldweg,
die alte Zugtrasse Paris–Le Havre führte hier vorbei. Für
die Besucher hat man inzwischen einen Tunnel gebaut,
sie dürfen hier gar nicht lang.«

Ich laufe etwas schneller als Jean-Marie. »Bleib stehen, Murielle«, ruft er plötzlich und dreht sich zu dem
Haus um, das wir gerade hinter uns gelassen haben,
»hier war, siehst du, die Stelle, an der sich Monet in dieses rosafarbene Haus mit seinen grünen Fensterläden

verliebte. Dabei gab es damals noch gar keinen Garten, nur Apfelbäume und Immergrün wuchsen hier. 1883 zog er ein. Später, es war im Jahr 1894, ließ er über die Bahntrasse in Vernon seine *nymphéas* ankommen. Wie verrückt: Seerosen in der Eisenbahn!«

Gleich zwei Gärtner kümmerten sich zu Monets Zeiten ausschließlich um den Wasserbereich und die Seerosen. Heute sind es vier, die allein für den *jardin d'eau* im unteren Bereich des Gartens zuständig sind. Einer von ihnen ist immer auf einer *barque* im See und fischt mit einem langen Netz Blätter, Zweige und verblühte Blüten aus dem Wasser. Nichts soll das reflektierende Wasser trüben, damit der See aussieht wie gemalt. Jean-Marie zeigt mit seinem Finger auf eine Stelle am Ufer: »Schau, die gelbe Blumenrabatte dort, die fast im Wasser hängt, die mochte er besonders gerne.« Es ist klar, wer mit »er« gemeint ist – Monet, obwohl seit 1926 tot, lebt weiter in diesem Blumenmeer. »Wir halten das Wasser frei von Blättern, damit sich die Seerosen spiegeln können. So konnte Monet Gemälde malen, die auch auf den Betrachter wirken, wenn man sie auf den Kopf stellt.«

Monets Seerosen blühen jetzt, im April, noch nicht. Ich muss also wiederkommen. »Monets Seerosen sind so leicht und schwebend, ganz Jugendstil«, schwärmt der Gärtner neben mir und lenkt meinen Blick weiter: »Siehst du die asiatische Anmutung in diesem Teil des Gartens? Die Pflanzen und Bäume aus Japan, wie Bambus und Ginkgo, die Monet einführte, haben die Dorfbewohner Givernys damals sehr erschrocken – sie fürchteten wohl, dass sich die Exoten auf ihren empfindlichen Viehweiden breitmachen und die Gesundheit ihrer Kühe schädigen würden.« Jean-Marie lacht. Die importierten Pflanzen haben auch sonst für Aufregung gesorgt, erzählt er dann: Man ließ sogar einen Arm der Seine umleiten, damit dieser für die asiatischen Pflanzen ausreichend Wasser führte, Monets Freund Octave Mirbeau hat dieses teure Vorhaben unterstützt. »Japan, Japan! Das intellektuelle Paris war verrückt nach Japan und Monet war es auch. Man sah es an seinen Wänden und an seinen Pinselstrichen, findest du nicht? Was für eine Faszination für Japan – dabei war er nie dort! Nun, man kann es nicht jedem rechtmachen, das musste auch Monet erfahren, der dreiundvierzig Jahre lang hier lebte, nicht wahr? Das ist übrigens mit uns Gärtnern genauso. Uns schaut man ständig auf die Finger. Wir müssen eine besonders innige Beziehung zu unserer Arbeit haben, um diesem Druck gewachsen zu sein. Ich habe hier alles gelernt, was ich als Gärtner und als Mensch bin. Monet wollte arbeiten, suchen, erneuern, hervorheben, betonen und sich treu bleiben. Ich bin *jardinier de Claude Monet*.«

Ob er das Gefühl habe, diesem floralen Reich des großen Malers etwas Eigenes hinzugefügt zu haben? Jean-Marie muss lange überlegen.

»Ja, erfinden. Auch Monet experimentierte mit den Farben. Wurde fast abstrakt am Ende, hob ab vom Gegenstand. Und er setzte seine Emotionen in den Bildern um.«

Jean-Marie blickt mit seinen lachenden Augen in das Blütenmeer, das er geschaffen hat. In die Landschaft und Natur, in diese Palette, die er als Licht- und Farbereignis gefügig gemacht hat. Keine Frage, auch er schöpft Inspiration aus Emotionen.

Infos:
· *Haus und Garten Claude Monet*, Fondation Claude Monet, 84 Rue Claude Monet, 27620 Giverny
Zug: Gare de Vernon
Täglich von Ende März bis Anfang November von 9.30 Uhr bis 18.00 Uhr geöffnet.

Literaturhinweise:
Octave Mirbeau, *Monet et Giverny*
Josse und Gaston Bernheim-Jeune, *Le Bulletin de la vie artistique.*
Ambroise Vollard, *Souvenirs d'un marchand de tableaux*

Im Küchengarten des Königs:
der Potager du Roi in Versailles

Versailles. Ein sonniger Frühsommertag. Einige Wölkchen ziehen am Himmel vorbei. Die Hauptstadt mit ihrem städtischen Rauschen scheint weit weg und ist doch
nur wenige Kilometer entfernt. Stéphanie und ich haben große Körbe dabei. Wir wollen einkaufen: im königlichen Obst- und Gemüse-Garten, *le potager du roi*, direkt
neben dem Schloss und seiner Orangerie.

1678 wurde er auf Wunsch des Sonnenkönigs Louis
XIV von Jean-Baptiste de La Quintinie angelegt: in geo-
metrischer Strenge um ein zentrales Wasserbecken, von
hohen Mauern umgeben. Der größte »kitchen garden«
der Geschichte sollte es werden. Hier wurde nicht nur
das Obst und Gemüse für die königliche Tafel gezogen,
sondern auch mit besonderen Kreuzungen experimen-
tiert, um den Gaumen des Königs regelmäßig zu überra-
schen. Überhaupt liebte es der Sonnenkönig exotisch:
In Gewächshäusern wuchsen Kaffee- und Kakaobohnen,
Ananas und vor allem: Feigen. Über 93 Hektar erstrecken
sich die Gärten. Sechshundert Gemüse- und fast vierhundert Obstsorten wachsen hier – weltweit findet sich
nichts Vergleichbares. Heute ist der Küchengarten des
Königs vor allem einer der ältesten Gärten überhaupt.
Hier kann man Birnbäume sehen, die hundertvierzig Jahre alt sind.

»Der Garten des Königs ist für uns ein Erbe aus der

Vergangenheit, das aber komplett zur Gegenwart gehört«, erzähle ich Stéphanie, »weil er heute noch voll bewirtschaftet wird, eine Landschaftshochschule beherbergt und einen täglichen Markt betreibt, in dem jeder Obst und Gemüse kaufen kann. So wie wir es heute tun.«

Doch der Garten ist weit mehr als eine Produktionsstätte für Lebensmittel: Er ist ein Ort der Muße, des Lustwandelns und Genießens. Schon Louis XIV spazierte hier gern die Beete entlang und ließ sich von seinem Gärtner in die Gartenkunst einführen. So pflegte er die Bäume selbst zu schneiden. Durch ein spezielles Tor gelangte er in seinen Gemüse- und Obstgarten, die *grille du roi*. Das vergoldete Tor mit den Insignien des Königs ist ein Meisterwerk der Schmiedekunst und übrigens das einzige, das in Versailles aus der Zeit des Sonnenkönigs erhalten ist.

Heute ist der Garten natürlich offen für alle. Fern vom Trubel der Hauptstadt und ihrer angrenzenden Vororte finden die Pariser eine ästhetische, sinnliche und kulinarische Rückzugsmöglichkeit. Im touristischen Schatten von Versailles und dessen legendärem Park gelegen, sind es tatsächlich vor allem Einheimische, die hier spazieren gehen. Auch ich verbrachte viele Sonntage meiner Kindheit inmitten dieses Grüns am Rande von Paris, in den Gärten der beiden prägenden Schlösser des Königs, in Saint-Germain-en-Laye und Versailles. Ich erzähle Stéphanie von den kindlichen Spielen à la Marie-Antoinette im Gemüsegarten des Königs. Dabei hüpften wir Kinder von einem Stein zum nächsten, während die Erwachsenen durch den Garten schlenderten. Klick, klack – die Holzsohlen der Seidenschuhe Marie-Antoinettes müssen auf dem Versailler Pflaster ähnlich geklackt haben, dachten wir.

Gestreifte Seide in Grün und Rosa, die Lieblingsfarben der Königin, ein geschwungener lederbezogener Holzabsatz, eingestickte Monogramme auf der Seite und Schleifchen natürlich – ich bin sicher, bei den Schuhen von Marie-Antoinette war ein verliebter Schuhmacher am Werk, der beim Schustern ihren kleinen Fuß in seinen Händen spürte und den fließenden Stoff, der ihn später umfasste, zärtlich streichelte. Die kleinen kecken Rüschen, die jedes Mal mitwippten, wenn sie sich bewegte! Die perfekt angepasste Form! Doch in unseren kindlichen Spielen hüpfte Marie-Antoinette nicht nur von einem Bein auf das andere, sie zog auch ihre Schuhe aus. Mit beiden Schühchen in der Hand tänzelte sie auf dem kalten Stein. Sie liebte den Gang durch den *potager du roi,* das Obst in greifbarer Nähe.

Die Wege, auf denen wir mit so großem Vergnügen Marie-Antoinette imitierten und auf denen ich heute mit Stéphanie spaziere, hatte La Quintinie um die Beete des *potager du roi* anlegen lassen. Der Stein mit seinem unregelmäßigen Relief und der besonderen Patina war leicht gewölbt, damit der Regen der Île-de-France in die Fugen abfließen konnte. Kaum vorstellbar, doch dieser Garten war früher ein elender, stinkender Sumpf mit morschen Bäumen und mäandernden Sträuchern. Fünf Jahre – von 1678 bis 1683 – hat es gedauert, bis man das Gelände so weit entwässert hatte, dass eine Nutzung als Garten überhaupt möglich war. Die fruchtbare Erde wurde tonnenweise von den Hügeln von Satory herangekarrt.

Für den Bau des Gartens war Jules Hardouin-Mansart zuständig, der Hofarchitekt des Sonnenkönigs, der weite Teile von Versailles plante und dem Paris unter anderem den Invalidendom verdankt. »Dieser Hardouin-Mansart«, erzähle ich Stéphanie, »dachte an die großen Sichtachsen und schloss auf Anraten von La Quintinie die Gärten kunstvoll mit Mauern ein. Er prahlte mit seinen Steinen und der konsequenten Reihung. Doch hat er offenbar vergessen, dass die Gärten Louis' XIV. nicht nur Gärtner in plumpen Lederschuhen anzogen. Die süße, gepuderte Marie-Antoinette, die unsere Kinderspiele inspirierte, brach sich in ihren Seidenschühchen fast die Knöchel beim Balancieren. Sicher wären Holzpflaster, wie sie zwischen der *cour royale* und dem Garten angelegt waren, besser gewesen. Wenn auch genauso rutschig.«

Die Lieblingsfrucht des Königs war übrigens, wie schon angedeutet, die Feige – nachdem er eine unglückliche Allergie gegen seine geliebten Erdbeeren entwickelt hatte, fand er an der weichen Frucht vom Mittelmeer großen Gefallen. An die siebenhundert Bäume überwinterten in seiner *figuerie*, dem Pendant zur Orangerie. Sie lieferten damals beste und sehr frühe Ernte. Bis zu viertausend Feigen täglich warfen sie ab. La Quintinie hingegen schwärmte für die Birne. Er pflanzte mehr als fünfzig Sorten an und experimentierte mit Spalier- und Schnitttechniken, mit Pferde- und anderem Tierdünger

sowie dem Einsatz von Glas und Glocken. Seine Lieblings-
sorte war die *Bon-Chrétien*, eine alte Birnenart, die es seit
1996 wieder und heute auch auf dem täglichen Markt zu
erwerben gibt. Die La-Quintinie-Birne war zu jener Zeit
so berühmt, dass der König sie in alle Welt als Geschenk
versandte.

Stéphanie und ich wandeln die Beete entlang, wir lassen uns vom Anblick und vom Duft betören. Dann steuern wir den kleinen Markt an. »Mal sehen, Stéphanie,
was heute in unsere Körbe kommt!«

Infos:
· *Versailles, le Potager du Roi*, 10 Rue du Maréchal Joffre, 78000
Versailles
Zug: Gare de Versailles
Markt und Gartenanlage, freier Besuch möglich, integraler Teil
der Versailler Gärten.
Geöffnet von Januar bis März: Dienstag bis Freitag 10.00 Uhr bis
18.00 Uhr, von April bis Oktober: Dienstag bis Sonntag 10.00
Uhr bis 18.00 Uhr. Um 11.00 Uhr, 14.30 Uhr und 16.00 Uhr Füh-
rung. Am 1. Mai geschlossen. November bis Dezember: Diens-
tag bis Freitag von 10.00 Uhr bis 18.00 Uhr; Samstag von 10.00
Uhr bis 13.00 Uhr außer feiertags.

Einsamer als Versailles, aber nicht weniger schön: Marly-le-Roi

Französische Königspudel haben es nicht leicht. Von ihren Besitzern geschoren, sehen sie oft lächerlich aus. Lässt man ihr Fell hingegen wachsen, können sie vor lauter Locken bald nichts mehr sehen. Molly ist zum Glück irgendwo dazwischen, eine nur leicht frisierte, elegante Hundedame, die sowohl gut sehen kann als auch gut aussieht. Ich gehe mit Steve in den ruhigen Park von Marly-le-Roi, und Molly freut sich auf unseren Spaziergang, zwanzig Kilometer westlich von Paris und nur sieben Kilometer nordwestlich von Versailles. Hier dürfen Hunde auch mal frei herumlaufen – sofern sie schneller sind als die Angestellten der Versailler Parkverwaltung, zu der Marly seit einigen Jahren gehört. Parkverwalter Roland ist einer von ihnen und hat uns, wie wir noch nicht ahnen, im Visier.

Ein einsamer Läufer überholt uns mit festen Schritten. Zwei Freundinnen, ins Gespräch vertieft, kommen uns entgegen. Sonst sind keine Menschen auf den Wegen. Die großen Rasenflächen liegen sowieso verlassen da an jenem Samstagmorgen im Winter. Niemand rollt hier jetzt seine Picknickdecke aus. Niemand schwingt den Cricketschläger, wie unser Großvater an warmen Sommertagen mit seinen Freunden. Dabei hält er nicht nur den Holzknüppel hoch, sondern auch die Erinnerung an den Sonnenkönig und seine Gäste. Die sollen hier nämlich seinerzeit das frühere *mail*, eine alte Cricket-Variante mit Bällen aus dem Holz eines Mispelbaumes, des *néflier*, gespielt haben. Heute kommen nach Marly keine königlichen Gäste mehr. Auch Touristen sieht man hier selten. Dabei ist der Park fast so schön wie Versailles.

Mein Blick schweift in die Ferne, auf die Wasserkaskaden im waldbewachsenen hinteren Bereich des Parks und auf die kreisrunden und ovalen Wasserbecken davor. Manche sind restauriert und liebevoll gepflegt, andere stillgelegt. Dass einst viel mehr dieser Bassins den Park schmückten, erkennt man nur noch an dem Gras, das an den Stellen etwas heller ist, wo früher eines stand. Ich ahne, was für eine Wasserlandschaft sich Louis XIV, dem Marly als Rückzugsort von Versailles diente, hier auf dem Plateau erbauen ließ – hoch über Paris, das einem fast zu Füßen liegt.

Das Schloss, in dem der König ab 1684 immer wieder residierte, verschwand im neunzehnten Jahrhundert, nachdem dessen Steine, Statuen und Säulen bereits nach der Französischen Revolution in alle Winde verstreut wurden. Schon im Jahr 1716 wurden die ersten Bassins stillgelegt und zugeschüttet. Auch die zwölf kleinen Pavillons, die sich links und rechts des zentralen Wasserbeckens aneinanderreihten und den Gästen des Königs als Schlafstatt dienten, sind verschwunden: eine Seite war für die Männer, die andere für die Frauen – man kann sich die nächtlichen Eskapaden vorstellen.

Château-jardin nannte sich dieses aufgelockerte Ensemble aus kleinem Hauptschloss und vielen einzelnen

Pavillons inmitten einer künstlichen Wasserlandschaft und gezähmter Flora: die Bäume in strengen Alleen gepflanzt, die Büsche kunstvoll beschnitten. Im Vergleich zu Versailles war Marly viel grüner und weniger steinig: Nur wenige Skulpturen und Mauern lenkten von den Bäumen, Blumen und Fontänen ab. Dieser »zauberhafte Ort«, wie der italienische Dichter Carlo Goldoni Marly nannte, stand bald Pate für viele Schlösser und Gartenanlagen auch im deutschsprachigen Raum, für das Schloss Clemenswerth bei Sögel, für das Palais im Großen Garten Dresden, für das Mainzer Lustschloss Favorite und für die Eremitage in Waghäusel.

Molly im Auge behaltend, laufe ich an dem Fundament vorbei, auf dem früher das Schloss stand. Ich halte kurz inne und sehe den Hund um die pyramidenförmig beschnittenen Koniferen flitzen. Hunde gab es früher viele hier, für die Jagd und die Gartenpartien. Einen »Marly« verbringen, hieß: einer der Privilegierten sein, die mit dem König hierherkamen – zur Jagd, zu den Gartenspielen, zu Festen und Empfängen und zu den ausschweifenden Bällen im Freien. »Sire, Marly ...« war eine gehauchte Bitte um die Gunst des Königs und wurde in unserer Familie humorvoll adaptiert, um ein anderes Familienmitglied um einen gemeinsamen Parkspaziergang zu bitten. Denn wir wohnten gleich um die Ecke.

Wir bleiben kurz vor den Resten des Fundaments stehen, auf der das kleine, zweigeschossige Schloss einst eine unglaubliche Sicht auf den Norden von Paris genoss. Unter mir fällt ein grüner Teppich aus Gras und

Bäumen den Hügel hinab und eine beeindruckende Wasserkaskade mit dreiundsechzig Stufen liegt in einem Bett aus rosa und grünem Marmor – Symbol für die Macht des Königs. Rechts und links vom Schloss standen einzelne Gebäude, wovon eines der *bouche* diente, also die Küchen und Lager für Lebensmittel und Trinkwasser beherbergte. Man stelle sich vor: ein ganzer Raum nur für die *pâtisseries*, ein anderer nur für *cafés*! Leider blieb davon nichts weiter übrig als Zeichnungen und Pläne, die im Original in der *Bibliothèque nationale de France* liegen und als Kopien heute Tafeln entlang der Terrassen zieren.

Es ist seltsam: Alles lebt hier von der eigenartigen und geheimnisvollen Abwesenheit der Gebäude und Bassins. Ein *espace fantôme*, eine Geisterlandschaft, obwohl die Alleen und Fundamente noch von der einstigen Struktur zeugen. Ein Theaterdekor ohne Figuren, ein Haus ohne Mobiliar und Bewohner. Nicht mal die berühmten »Pferde von Marly« aus Carrara-Marmor wurden dem Park gegönnt. Man verfrachtete sie nach Paris und stellte sie zunächst an den Anfang der Champs-Élysées an der Place de la Concorde. Heute bäumen sie sich im Louvre auf, in der Cour de Marly. Die Pferde, die heute im Park auf der Stelle galoppieren – wie etwa auf dem Plateau über der großen, flachen Wasserfläche, die den königlichen Jagdpferden einst als Tränke dienten –, sind lediglich Repliken. Sie markieren den früheren Standort der Originale und strahlen abends beleuchtet um die Wette. Sisley, einer der impressionistischen Maler, die

sich an der schönen Seine ansiedelten, malte diese Tränke. Auf seinem Gemälde scheint es, als würden die Pferde aus Stein im nächsten Moment tatsächlich davonga-
loppieren.

Am unteren Ende des Parks bekommt man zudem
eine Ahnung, wie aufwändig es damals war, das Wasser
auf die unterschiedlichen Niveaus zu bringen. Ein me-
chanisches Wasserhebewerk, erfunden vom Mechanik-
Genie Arnold de Ville aus Liège und gebaut von Renne-
quin Sualem, pumpte das Wasser aus der Seine über ein
Aquädukt herauf und versorgte die Wasserkaskaden
und die Bassins mit Wasser, sobald der Sonnenkönig im
Anmarsch war. Die wasserhiefende Maschine, eigentlich ein lautes Monster aus Holz und Eisen, das die be-
nachbarte Bevölkerung in Angst und Schrecken versetz-
te und mit einem Leviathan aus der jüdisch-christlichen
Mythologie verglichen wurde, schien so manchen als das
achte Weltwunder. Heute noch verzweigt sich unter dem
Park von Marly ein Geflecht aus Rohren, durch das zu
jener Zeit täglich mehrere Tausend Kubikmeter Wasser
flossen.

Ein paar Jungs in klassisch blau-weißen *petit bâteau*-
Pullovern rennen uns entgegen, dahinter schlendern ein
paar Nonnen und Priester. Sie kommen den Weg entlang,
den Steve und ich mit Molly auch ab und zu nehmen.
Er führt hinunter zur Seine, vorbei an den wenigen er-
haltenen Mauern und dem Aquädukt – es ist der Weg des
Wassers, das zur Hochebene gepumpt wurde.

Die lärmenden Jungs laufen an einem kleinen Pavillon vorbei, ganz in ihre Fangspiele vertieft und blind für ihre Umgebung. Hier hat Charles de Gaulle nach seinem Rücktritt an seinen Memoiren geschrieben, die mit dem berühmten Satz beginnen: »Mein ganzes Leben hatte ich eine bestimmte Vorstellung von Frankreich im Kopf.« Von Januar bis Mai 1946 lebte der frühere Staatspräsident in dem kleinen, zugigen Pavillon, während sich die Reparaturen an seinem im Krieg beschädigten Haus in Colombey hinzogen. Früher gehörte der *Domaine de Marly* mit dem *pavillon présidentiel* noch zum Präsidialamt der Republik. Doch de Gaulle bestand darauf, den *services des beaux arts*, die den Pavillon unterhielten, Miete zu zahlen. Würde man hier jetzt ein Café eröffnen, müsste man die Erinnerung an de Gaulle noch nicht mal bemühen, um die Leute anzulocken. Der Platz ist einfach zu schön. Doch das Haus ist leer. Noch so ein *espace fantôme ...*

Plötzlich ist Molly weg. Wir stehen vor dem königlichen Tor, *la grille royale* mit den beiden Ehrentüren, die *porte d'honneur* und die *porte du phare.* Ist Molly durch die großen Tore geschlüpft? Steve schaut durch die Gitter, deren weiße Farbe abblättert und den Blick auf die Straßen Marlys freigibt. Oben auf der Anhöhe des Parks von Marly gibt es einen freien Zugang zum Wald, hier und da stehen Gebäude und alte Stallungen. Alles wirkt etwas verwahrlost und ungepflegt und zugleich ursprünglich und romantisch. Ich sehe herrliche Teppiche lilafarbener Hyazinthen, die schon die Schriftstellerin Colette an Marly liebte. Aber von Molly keine Spur.

Steve und ich suchen weiter, mittlerweile unterstützt von Parkwächter Roland, der uns schon eine Weile laut rufend gefolgt war. Unsere Blicke wandern die Hochebene nordwestlich von Marly hinauf, auf die Terrassen von Saint-Germain – es ist der Blick, den Louis XIV aus seinen Schlafgemächern genoss. Die Dunkelheit richtet sich ein, wir gehen an den Mauern entlang, das Seine-Tal entfaltet seine ganze Schönheit unter dem Abendhimmel. Die Lichter der Stadt blitzen wie Glühwürmchen durch das Dunkel. Ein kleiner Zug schlängelt sich entlang einer langen Kurve und verschwindet im Dunst der Stadt.

PS: Wir finden Molly am Ende des Tages und nach langer Suche im zwei Kilometer entfernten Park von Schloss Monte Christo, den Alexandre Dumas Mitte des neunzehnten Jahrhunderts nach englischen Vorbildern auf neun Hektar gestalten ließ. Königspudel fallen auf, wir bekamen einen Hinweis und entdeckten Molly versteckt im Heckenlabyrinth des Parks. Wir wissen nicht, was sie an den künstlichen Grotten, Brunnen und Kaskaden interessierte und wie sie dorthin kam. Eigentlich sind Hunde hier nicht erlaubt. Erschöpft lassen wir uns auf einer der Parkbänke nieder.

Infos:

• *Park von Marly-le-Roi*, Avenue des Combattants, 78160 Marly-le-Roi oder Grille royale, 78430 Louveciennes
Zug: Gare de Marly-le-Roi
Geöffnet vom 1. April bis 31. Oktober von 7.30 Uhr bis 19.30 Uhr; bis 21.30 Uhr am Wochenende (bis zum 26. August) und 20.30 Uhr (bis zum 26. September). Von November bis März gelten andere Zeiten. Freier Eintritt.
• *Château de Monte-Cristo*, 78560 Le Port-Marly
Geöffnet meist von 10.00 Uhr bis 18.00 Uhr. (Website konsultieren: https://www.chateau-monte-cristo.com/main/)

Literatur:

Carlo Goldoni, *Über sich selbst und die Geschichte seines Theaters*
Charles de Gaulle, *Mémoires de guerre*
Alexandre Dumas, *Der Graf von Monte Christo*

Wo Paris dem Flaneur zu Füßen liegt: Terrasse de Saint-Germain-en-Laye

Wie soll er sein, der schönste Garten von Paris? Natürlich, er sollte dem Flaneur die Stadt zu Füßen legen. Also auf zur Terrasse von Saint-Germain-en-Laye. Das im Westen gelegene Vorortstädtchen, in dem Louis XIV geboren wurde, liegt erhöht auf den Flanken des Seine-Tales und überblickt die unzähligen grauen Häuser der Hauptstadt wie eine mütterliche Grande Dame, die über ihre Kinder wacht.

Die Terrasse ist 2,4 Kilometer lang und erlaubt ausgedehnte Spaziergänge mit Blick auf Paris und seine berühmten Erhöhungen – Montmartre, Eiffelturm, Tour Montparnasse ... In der Ferne sind sogar die Hochhäuser der Défense auszumachen. Die Terrasse liegt am östlichen Ende des Parks, der zur Schlossseite *à la française*, nach hinten zu im englischen Stil gestaltet wurde. Er geht in den Wald von Saint-Germain über, in den der Sonnenkönig mit seiner Entourage so gerne ausritt, dass er Alleen durch den Wald ziehen ließ – bis es ihm auch hier zu eng wurde und er nach Versailles auswich.

Der etwas ältere Park, zu dem ein Château, ein paar Gärten, Grotten und mehrere sechzig Meter tiefe Terrassen-Arrangements gehörten, wurde im siebzehnten Jahrhundert auf Wunsch Louis' XIV. von Le Nôtre geplant – und war die Spielwiese unserer Kindertage. Gleich gegenüber vom Schloss sind wir aufgewachsen. Ich er-

innere mich an Karussells und Schiffsschaukeln, an einen grünen Süßigkeitenkiosk und einen Musikpavillon mit schief spielenden Blaskapellen. Ich erinnere mich an ein kleines Café für die Sommertage mit Bänken und Eisenstühlen und an den schnurrbärtigen Parkaufseher, der mit wehendem dunkelblauem Cape auf seinem Fahrrad darüber wachte, dass sich alle an die Parkregeln hielten. Im Winter verkaufte ein freundlicher Mann heiße Maronen.

Wenig hat sich seit meiner Kindheit hier verändert, bis auf den Parkwächter vielleicht. Meine Großmutter, die in Saint-Germain-en-Laye einen Kurzwarenladen hatte, ging oft in »unserem« Park spazieren, sammelte Wildblumen im waldzugewandten hinteren Bereich und kam mit den Armen voller blauer, weißer und roter Blumen zurück nach Hause – ein Fest für die Augen vor den Toren von Paris.

Infos:
· *La grande terrasse, terrasse et jardins du Domaine national de Saint-Germain-en-Laye,* Place Charles de Gaulle, 78100 Saint-Germain-en-Laye
RER Saint-Germain-en-Laye
Geöffnet im Winter von 8.00 Uhr bis 17.00 Uhr, im Sommer von 8.00 Uhr bis 20.30 Uhr. Eintritt frei.

Die Blumen der Impératrice Joséphine: Jardin de Rueil-Malmaison

Wenn Thierry, der Gärtner Malmaisons, Blumen für seinen eigenen Garten aussucht, lässt er sich von den Rosen inspirieren, die Joséphine de Beauharnais liebte und die man der ersten Ehefrau Napoléon Bonapartes später widmete. Wenn er seine Rosen dann in die Erde bringt, kommt es ihm so vor, als würde er ein paar Seiten aus dem Geschichtsbuch gleich mit einpflanzen.

Nachdem Joséphine im Jahr 1799 das Schloss von Malmaison in Rueil-Malmaison westlich von Paris für sich und ihren Gatten erworben hatte, machte sie sich mit großer Leidenschaft an die Gestaltung des Parks. Sie hatte große Pläne: Ein Stück des Gartens aus ihrer karibischen Kindheit in Martinique sollte hier wieder auferstehen, ein Garten voller Düfte und Blüten, voller Farben und Exotik. Dabei schwebte ihr allerdings weniger der Garten vor, in dem sie als Tochter eines Plantagenbesitzers aufwuchs, sondern eher der idealtypische aus den Gemälden der orientalisierenden oder exotisierenden Maler ihrer Zeit. Doch der Park, den sie beim Kauf vorfand, war ganz im englischen Stil gestaltet: mit einem Bach und ein paar Brücken, mit gewundenen Wegen, Felsen und Rasenflächen. Wie sollte sie dieser pastoralen Landschaft nur die gewünschte Exotik einhauchen?

Joséphine war kein Aufwand zu groß, und sie ließ bald Zebras, Lamas, Antilopen, seltene schwarze Schwäne und Kängurus im Park frei. Sie importierte über hundert in Frankreich bis dato völlig unbekannte Pflanzen und ließ für etwa dreihundert Ananaspflanzen das größte beheizte Gewächshaus ihrer Zeit bauen. Sogar die Einführung der Kartoffel hat Joséphine unterstützt, indem sie das Nachtschattengewächs, das sie bereits aus der Karibik kannte, in ihrem Park kultivierte.

Thierry lässt seinen gärtnerisch geschulten Blick durch den Park von Schloss Malmaison streifen, über blühende Sträucher, pyramidenförmige Büsche und weite Rasenflächen. Der Park und das Schloss sind heute für jeden zugänglich und – obwohl in der Fläche über die Jahrhunderte geschrumpft – immer noch wunderschön. Doch nichts lässt die üppige Exotik von einst erahnen, die sich hier auf über siebenhundertzwanzig Hektar in einer nur der Botanik gewidmeten Landschaft entfalten durfte. Thierry legt die Stirn in Falten und erinnert sich an die Rosenbilder und Blumenbücher von Redouté. Die *impératrice* liebte Rosen nicht nur, sie schickte mehrere Botaniker los – darunter einen Rosenspezialisten mit dem Allerweltsnamen André Dupont –, damit diese auf sämtlichen Kontinenten neue Arten finden und sie ihr in den stetig wachsenden Garten bringen sollten. Viele dieser Rosen ließ sie von Pierre-Joseph Redouté (1759-1840) katalogisieren und malen. Der Maler und Begründer der botanischen Blumenmalerei studierte gerade ausgiebig die Lilien und Rosen im Jardin des Plantes, als er von Joséphine entdeckt, gefördert und schließlich mit der Katalogisierung beauftragt wurde. Endlich durfte er Blu-

men so genau und raffiniert zeichnen, wie er es sich schon in jenem größten botanischen Garten Frankreichs gewünscht hatte. »Raffael der Blumen« wurde er bald genannt. Heute liegen seine Zeichnungen im Original – neben Tausenden weiteren Zeichnungen von Pflanzen, Blumen, Früchten, Tieren und Landschaften sowie Karten – im *Muséum national d'Histoire naturelle*, die meisten von ihnen hat er hier in Malmaison gemalt.

Thierry kennt sie alle, die interessanten Rosensorten wie *Cuisse de nymphe émue, Chapeau de Napoléon, Aimable amie, Belle aurore, Passe-velours* ... Was für eine interessante Verbindung von Wissenschaft und Poesie, von Natur und Kultur, die Joséphine hier auslebte, denkt er sich, während er die jetzt im Juni in voller Blüte stehenden Rosen zart mit der Hand berührt. Joséphine genoss wahrlich *la vie en rose*: Rosen prangten auf den Gemälden in ihren Gemächern, zierten als Motive Wände, Stoffe, Geschirr und Gläser, sogar auf ihrer Kleidung und in ihren Haaren konnte man Rosen entdecken, ganz zu schweigen von dem Parfum, das sie umgab. Sie pflegte *l'art de vivre à la française* und empfing regelmäßig berühmte Gäste. Die Rose machte sie sogar zur besten Diplomatin ihrer Zeit. »Mein Garten, der die schönstmögliche Sache überhaupt ist, ist besser von den Parisern frequentiert wie mein Salon!«, schreibt sie 1813 ihrem Sohn Eugène. In dem weiten Areal macht sich Thierry auf die Suche nach Überresten jenes Gartens, der nach der Jahrhundertwende rekonstruiert wurde. Der Park, in dem Joséphine etwa zweihundertfünfzig Rosensorten pflanzen ließ, wurde 1870 durch eine Schlacht rund um Malmaison zerstört, später in mehrere Teile aufgeteilt und im zwanzigsten Jahrhundert langsam wiederhergestellt. Sogar die schwarzen Schwäne sind seit ein paar Jahren wieder da.

Dass Joséphine heute noch Rosenliebhaber inspiriert, erkennt man unschwer an all den Rosen, die ihr gewidmet sind und die so poetische Namen tragen wie *Souvenir de la Malmaison, Impératrice Joséphine* – diese wuchs tatsächlich in ihrem Garten, nur unter dem Namen *Rosa turbinata* –, *Joséphine de Beauharnais, Jubilé impérial, Souvenir de Joséphine* ... Die kreiselförmige, pralle, wohlduftende Rose *Rosa turbinata* hatte Redouté 1817 gemalt – auch diese blühte hier.

Thierry liest eigentlich am liebsten Flaubert und hat immer einen der Bände aus der blauen, ledergebundenen Gesamtausgabe, die ihm seine Großmutter vermacht hat, auf dem Nachttisch liegen. Gestern Abend musste er sich allerdings über Bouvard und Pécuchets idiotische Beschreibungen der Rosen ärgern, obwohl er die Dummheit dieser Flaubert'schen Figuren doch kennt. Umso mehr freut er sich, gleich mit einem Gärtnerkollegen zu fachsimpeln, der wie Thierry die Rosen liebt. Der Chefgärtner der *Roseraie du Val-de-Marne* kommt ihn heute im Malmaison-Garten besuchen. Thierry beneidet ihn um die nahezu zweitausendneunhundert Rosensorten, die in dem anderthalb Hektar großen *jardin à la française* gedeihen, der Ende des neunzehnten Jahrhunderts als erste *roseraie* der Welt – dem einzigen der Königin der

Blumen gewidmeten Garten – von Jules Gravereaux angelegt wurde.

Infos:
· *Jardin de Rueil-Malmaison*, Le Parc de Malmaison, Avenue du Château de Malmaison, 92500 Rueil-Malmaison
Métro und Bus: La Défense (Métro, RER, SNCF), anschließend Bus 258 Haltestelle Le Château.
Geöffnet jeden Tag außer dienstags, im Winter von 10.00 Uhr bis 18.00 Uhr, im Sommer von 10.00 Uhr bis 18.30 Uhr.
· *La Roseraie du Val-de-Marne*, Parc départemental de la Roseraie, Rue Albert Watel, 94240 L'Haÿ-les-Roses

Literatur- und Kunsthinweise:
Pierre-Joseph Redouté, *Der Garten der Malmaison*
Gustave Flaubert, *Bouvard und Pécuchet*

SÜD UND OST

Neue Perspektiven:
Barockgarten Vaux-le-Vicomte

Während andere in gewöhnlichen Wohnungen oder kleinen *banlieue*-Häusern aufwachsen müssen, verlebten die
Brüder Alexandre, Jean Charles und Ascanio ihre Kindheit knapp fünfzig Kilometer südöstlich von Paris auf
einem gigantischen Schloss mit einer der ältesten erhal-
tenen französischen Barock-Gartenanlagen überhaupt,
nämlich auf Vaux-le-Vicomte. 1875 hatte ihr Ururgroß-
vater Alfred Sommier das im siebzehnten Jahrhundert
errichtete Schloss und den völlig verwilderten Garten
übernommen, um ihm neues Leben einzuhauchen. Im
Jahr 1967 bekam der Urenkel Sommiers, Patrick de
Vogue, von seinem Vater schließlich beides zur Hochzeit
geschenkt. Den kurz danach geborenen Söhnen waren
das Schloss und der Garten Spielwiese, Abenteuerspiel-
platz, Refugium nach anstrengenden Schulstunden und
vor allem das persönlichste überhaupt: ein Zuhause.
Vaux-le-Vicomte war aber nicht nur der wunderbarste
Ort, den man sich für eine Familie wünschen kann, er
war auch ein großes historisches Erbe – er war Geschenk und Verpflichtung zugleich.

Heute sind Alexandre, Jean Charles und Ascanio
längst den Kinderschuhen entwachsen und kümmern
sich hauptberuflich um Schloss und Garten. An einem

schönen Sommertag spazieren sie mit mir über das Gelände und erzählen von den Anfängen. Alexandre holt weit aus: Die Geschichte von Vaux-le-Vicomte reicht bis zu Zeiten von Nicolas Fouquet (1615–1680) zurück, dem fleißigen Untertanen Louis' XIV, der sich mit Vaux-le-Vicomte einen Traum erfüllte. Die Anlage sollte einmalig in der europäischen Schloss- und Gartenarchitektur werden. Dafür versammelte Fouquet die größten Künstler seiner Zeit: den Architekten Louis Le Vau, den Maler und Dekorateur Charles Le Brun sowie den Gärtner und Landschaftsarchitekten André Le Nôtre – bald sprach man vom »Vaux-Trio«. In nur knapp fünf Jahren (1656–1661) schufen die drei das prachtvolle Ensemble, bei dem sie die Anfahrt, das Schloss, die Nebengebäude und den Garten in einer strengen Achse und in besonderer Ordnung planten. In Sachen Gartenbau setzte Vaux-le-Vicomte Maßstäbe, die Mächtigen in ganz Europa – allen voran Louis XIV mit Versailles – orientierten sich daran. »Ja, das vergisst man leicht«, quittiert Alexandre meinen fragenden Blick, »Versailles kam nach Vaux-le-Vicomte!«

Sein Bruder Jean Charles zeigt auf die Terrassen, die wir gerade passieren, und fügt hinzu: »Terrassen, Alleen, Brunnen, Parterres, Perspektiven, Grotten, Wasserkünste, das alles gab es schon früher – aber immer nur einzeln. Hier waren diese Elemente zum ersten Mal vereint und bildeten ein harmonisches Ensemble. Du musst dir vorstellen: Zur Einweihung am 17. August 1661 gab es ein Fest, zu dem natürlich auch der junge, strebsame Louis XIV anreiste. Zurück in Paris, war er so angetan von Vaux-le-Vicomte, dass er sofort sämtliche Künstler für Versailles verpflichtete und kurz darauf den unliebsam gewordenen Fouquet wegen Komplotts und angeblichen Verrats verhaften ließ. Für Versailles sollte er solche Unsummen von Geld ausgeben, von denen man für Vaux nicht mal zu träumen gewagt hätte. Auch heute stehen die finanziellen Mittel der beiden Anlagen in einem Missverhältnis: Gibt es in Versailles zahlreiche Hilfen und Stiftungsgelder für die fast achtzig Gärtner, hat Vaux lediglich acht und zahlt deren Lohn selbst aus den Einnahmen der Ticketkasse und der Boutiquen.

Alexandre und Jean Charles erzählen mir von ihrer Kindheit im Schloss und den Kinderspielen im Grün, während wir an den Broderien vorbeispazieren, die gerade von den Gärtnern bearbeitet werden. Es sind kunstvoll gestaltete Ornamente des alten Barockgartens. Das Disziplinieren der Natur, das Stutzen, Trimmen, Schneiden und Zupfen, ist bei Wind und Wetter keine leichte Arbeit.

Im Garten von Schloss Vaux-le-Vicomte sind die Pflanzen entweder in Reih und Glied oder diagonal in Blumenparterren gepflanzt, so weit das Auge reicht, sieht man es blühen. Für die circa zehntausend Pflanzen im dreiunddreißig Hektar großen Garten gibt es seit den Anfängen – in den Jahren 1656 bis 1661 wurde der Garten angelegt – strikte Vorgaben, an denen sich die wenigen Gärtner bis heute orientieren. Symmetrien und Hierarchien respektieren und beachten, ohne dass Monotonie im gestalteten Bild aufkommt – darauf hatte schon Le

Nôtre im siebzehnten Jahrhundert geachtet. Der Meister der Überraschung und Sinnestäuschung wollte vor allem faszinieren. So entstanden im von Wasser und Grün durchzogenen Gartenarrangement diverse Querkanäle und Seitenachsen, die sich dem Betrachter erst auf den oberen Stufen der Terrasse erschlossen. Man sprach von *perspective ralentie* – einer raffinierten perspektivischen Täuschung, in der die Blickerkenntnis erst verlangsamt und dann beim Erreichen von bestimmten Höhen aufgelöst wird. Um optisch einer Verkleinerung von Gartenelementen entgegenzuwirken, hatte Le Nôtre zum Beispiel weiter hinten gelegene Wasserflächen größer angelegt als die vorderen.

Feine Gartenelemente wie diese sind heute Publikumsmagneten. Das private Anwesen, inzwischen als historisches Denkmal klassifiziert, ist in den Sommermonaten sogar abends geöffnet, oft setzen Tausende Kerzen den Garten dann in ein ganz besonderes Licht. Alexandre und Jean Charles, die hier ihre Kindheit und Jugend verbrachten, wissen, wie der Garten nach Sonnenuntergang seinen Zauber entfaltet. Sie wissen aber auch: Das Restaurant, die Boutique und besondere Abende wie diese sorgen auch für den dringend für Erhaltung und Pflege benötigten Umsatz. Alexandre erinnert daran, dass Vaux-le-Vicomte mit seinen dreihundertfünfzigtausend Besuchern jährlich im Unterschied zu Versailles mit seinen siebeneinhalb Millionen familiär und überschaubar geblieben ist. Die einzigartige Atmosphäre und das von vielen nach dem Besuch beschriebene Ge-

fühl, Vaux habe eine Seele – dafür sind Alexandre, Jean
Charles und Ascanio zuständig. Bis die nächste Generation das Ruder übernimmt.

Infos:
· *Barockgarten Vaux-le-Vicomte*, 77950 Maincy
Zug: Linie P Richtung Provins von Gare de l'Est. Halt in der
Gare SNCF von Verneuil-l'Étang.
Von März bis November täglich von 10.00 Uhr bis 19.00 Uhr
geöffnet.

GEHEIM UND PERSÖNLICH:

Mein petit jardin secret aux roses de l'Île Saint-Louis

Jeder trägt einen *jardin secret* im Herzen. Einen Garten, der nur einem alleine zu gehören scheint. Ein Ort aus der Kindheit vielleicht, auf jeden Fall ein Ort des Glücks, an dem man sich wie an ein verlorenes Paradies erinnert.

Mein *jardin secret* lag im Innenhof des *Hôtel des Maréchaux de Villeroy*, in dem ich aufwuchs, einem *Hôtel particulier* aus dem siebzehnten Jahrhundert, gegenüber dem Schloss von Saint-Germain-en-Laye im Westen von Paris. Ein kleines grünes Carré, dicht bewachsen, schön mysteriös und reich an geheimnisvollen Ecken für die Spiele meiner Kindheit. Dieser Garten existiert nicht mehr, er verschwand mit der Restaurierung der Gebäude in den siebziger Jahren.

Gärten gehören also einem nie alleine. Gärten verändern sich. Sie unterliegen dem Wandel der Zeit, der Lust und Laune ihrer zeitweiligen Gärtner und sind so vergänglich wie ihre ebenfalls zeitweiligen tierischen oder pflanzlichen Bewohner. Gärten gehen also. Gärten kommen aber auch, unversehens und ungeplant. Wie an jenem Tag, als mir ein Hausmeister auf der Île Saint-Louis ein schweres blaues Tor aufschloss.

Ich hatte mich anlässlich eines Fotoshootings für mein

Buch *Paris Pâtisserie* auf meiner Lieblingsinsel einquartiert, und während ich in meiner Handtasche nach dem Hausschlüssel suchte, war ich mit dem Hausmeister von einem der Häuserkomplexe am unteren Ende der Rue Saint-Louis en l'Île ins Gespräch gekommen. Ich hatte ihm von meiner Liebe zu den Gärten von Paris erzählt – und als er mich das nächste Mal auf der Straße sah, winkte er mich zu sich und führte mich an diesen Ort. Mit einer schnellen Handbewegung forderte er mich auf, durch das große blaue Tor zu treten. Dabei lächelte er weise, wohlwissend, was für ein Geschenk er mir gerade machte.

Erst war ich durch die Dunkelheit des Balkengewölbes überrascht, schritt aber hinein, vorbei an einer Reihe abblätternder Holzbriefkästen mit altmodischen Schildern und einer schwungvoll gedrehten Treppe, um dann in den süßesten und charmantesten Garten zu gelangen, den Paris zu bieten hat. Nur der Efeu an den Wänden und bodentiefe Sprossenfenster begrenzten ihn. In seinem Herzen: blühende Hortensien und Rosensträucher, an der Seite ein kühlender Brunnen, dessen plätscherndes Wasser als einziges die Stille des Ortes durchdrang. Der Lärm der Stadt war weit entfernt und nur gedämpft wahrzunehmen, so dass ich mich an einem Ort des Rückzugs und der Ruhe wähnte. Ich setzte mich an den Rand des Brunnens und versuchte, mir dieses Bild so detailreich wie möglich einzuprägen. Ich ahnte ja, dass ich nie wieder hierherkommen würde, wenn der Hausmeister hinter mir das schwere Tor erst mal wieder zugesperrt

hätte. Mein Blick wanderte durch den Garten und tastete Mauern, Blumen und Pflanzen ab, um all das für immer zu speichern. Dann schloss ich die Augen, um kurz das Bild in meinem Kopf zu betrachten und es sogleich am Original zu prüfen. Es passte, das Bild dieses geheimen Gartens war in meinem Herzen und würde mich für immer begleiten.

Dieser Pariser Garten war einfach zu mir gekommen, ohne dass ich ihn gesucht hatte. Er ist weder öffentlich noch irgendwo verzeichnet. Er entfaltete seine Wirkung auf mich nur kurz und dennoch bleibt er für mich unvergesslich. Würden Sie mich fragen, wo er sich genau befindet, würde ich antworten, dass ich es nicht weiß. Ich würde lächeln und Sie fragen, wo denn Ihr geheimer Garten liegt. Und hoffen, dass Sie es mir auch nicht verraten.

Tipp:
Die Pariser Parkanlagen und Gärten (sowie andere öffentliche Orte) verfügen über unzählige Trinkwasseranlagen und -brunnen. Über diese Internetadresse können Sie sich einen Überblick über die mehr als 1200 Stellen verschaffen: http://www.eaudeparis.fr/carte-des-fontaines/

ANHANG

Bibliographie

Literatur

Abaelard, *Der Briefwechsel mit Heloisa*. Aus dem Französischen von Hans-Wolfgang Krautz, Stuttgart 2001.

Marcel Aymé, *Mein geliebtes Paris*. Aus dem Französischen von Waldemar Sonntag, Bonn 1956.

Marcel Aymé, *Die grüne Stute*. Aus dem Französischen von Walter Widmer, Köln 1952.

Marcel Aymé, *Der Mann, der durch die Wand gehen konnte*. Aus dem Französischen von Hildegard Fuchs und Gertrud Grohmann, Reinbek bei Hamburg 1962.

Honoré de Balzac, *Das Chagrinleder*. Aus dem Französischen von Hedwig Lachmann, Berlin 2016 (it 1278).

Honoré de Balzac, *Ferragus*. In: Ders., Die Geschichte der Dreizehn. Aus dem Französischen von Ernst Hardt, Frankfurt am Main und Leipzig 1996, S. 17-159 (it 1907).

Honoré de Balzac, *Verlorene Illusionen*. Aus dem Französischen von Hedwig Lachmann, Frankfurt am Main und Leipzig 1996 (it 1906).

Sylvia Beach, *Shakespeare and Company. Ein Buchladen in Paris.* Aus dem Amerikanischen von Lilly von Sauter, Frankfurt 1982.

Josse und Gaston Bernheim-Jeune, *Le Bulletin de la vie artistique*. Paris 1919.

Hildegard von Bingen, *Das Buch von den Pflanzen*. Aus dem Französischen von Peter Riethe, Salzburg 2007.

Jean Cocteau, *Paris*. Aus dem Französischen von Friedrich Hagen, Frankfurt 1988.

Jean Cocteau, *Notes sur l'amour*. Aus dem Französischen von Friedrich Hagen, Frankfurt 1988.

Jean Cocteau, *La belle et la Bête*. Aus dem Französischen von Friedrich Hagen, Frankfurt 1988.

Jean Cocteau, *L'Aigle à deux têtes*. Aus dem Französischen von Friedrich Hagen, Frankfurt 1988.

Colette, *Paris durch mein Fenster*. Aus dem Französischen von Gritta Baerlocher, Zürich 1946.

Alphonse Daudet, *Der Nabob*. Hamburg 2012.

Alphonse Daudet, *Fromont Junior und Riesler senior*. Hamburg 2012.

Léon Daudet, *Paris vécu*. Paris 1929.

Alexandre Dumas, *Der Graf von Monte Christo*. Nach einer alten Übersetzung aus dem Französischen von Meinhard Hasenbein, Berlin 2010 (it 3535).

Alexandre Dumas, *Die Kameliendame*. Aus dem Französischen von Andrea Spingler, Berlin 2012 (it 4267).

Paul Éluard, *Dans Paris*. Paris 2001.

John Evelyn, *Sylva, or Discourse on Forest Trees*. London 1662.

Gustave Flaubert, *Bouvard und Pécuchet*. Aus dem Französischen von Georg Goyert, Frankfurt am Main und Leipzig 1996 (it 1861).

Charles de Gaulle, *Mémoires de guerre*. In: Ders., *Mémoires*. Paris 2000.

Paul Gilbson, *Paris tel qu'on l'aime*. Paris 1949.

André Gide, *Die Falschmünzer*. Aus dem Französischen von Ferdinand Hardekopf, München 1991.

Carlo Goldoni, *Über sich selbst und die Geschichte seines Theaters*. Aus dem Französischen von Georg Schatz, Leipzig 1788.

Léon Guignard, *Guide de l'étudiant au jardin botanique*. Paris 1890.

Heinrich Heine, *Zu »Clarisse« I*. In: Ders., *Sämtliche Gedichte in zeitlicher Folge in einem Band.* Frankfurt am Main 2006, Seite 370.

Ernest Hemingway, *Paris – ein Fest fürs Leben.* Neuübersetzung der Urfassung von Werner Schmitz, Reinbek bei Hamburg 2011.

Victor Hugo, *Die Elenden.* Aus dem Französischen von Paul Wiegler, Berlin 1962.

Victor Hugo, Gedicht des *Jardin des plantes.* In: Ders., *L'Art d'être grand-père*, Paris 2002.

Victor Hugo, *Les Contemplations.* Paris 1995.

Victor Hugo, *Der Glöckner von Notre Dame.* Aus dem Französischen von Else von Schorn, Berlin 2010 (it 3537).

Jules Michelet, *Meine Jugend.* Paris 1884.

Octave Mirbeau, *Monet et Giverny.* Paris 1995.

Ohne Verfasser, *Capitulare de Villis.* O. O. 812.

Joseph Pitton de Tournefort, *Herbier historique.* Paris 1694.

Gérard Poulouin, *Conversation à Giverny: Claude Monet et Octave Mirbeau.* In: Laure Himy-Piéri und Gérard Poulouin (Hgg.): *Octave Mirbeau. Passions et anathèmes.* Caen 2017, S. 19-33.

Marcel Proust, *Unterwegs zu Swann. Auf der Suche nach der verlorenen Zeit. Frankfurter Ausgabe. Band 1.* Aus dem Französischen von Eva Rechel-Mertens. Revidiert von Luzius Keller und Sibylla Laemmel, Frankfurt 2004 (st 3641).

George Sand: *Rose und Blanche.* Aus dem Französischen von Adelbert Keller, Stuttgart 1836.

Georges Simenon, *Maigret und sein Toter.* Aus dem Französischen von Hansjürgen Wille, Barbara Klau und Sophia Marzolff, Hamburg 2019.

Jules Verne, *Die geheimnisvolle Insel.* Aus dem Französischen nach einer älteren Übersetzung bearbeitet von Waltraut Henschel-Villaret, Stuttgart und München 1989.

Ambroise Vollard, *Souvenirs d'un marchand de tableaux*. Paris 2005.

Kunst

Matthias Grünewald, *Stuppacher Madonna*. 1516.

Victor Hugo, *Die Brücke*. 1856.

Pablo Picasso, *Le square du Vert-Galant*. Paris, 1943

Pierre-Joseph Redouté, *Der Garten der Malmaison*. 1802.

Auguste Renoir, *Der Garten der Rue Cortot*. 1876.

Henri Rousseau, *Die Promenade im Parc des Buttes-Chaumont*. 1909.

Vincent van Gogh, *La Colline de Montmartre avec une carrière de pierres*. 1886.

Film

David Frankel, *Der Teufel trägt Prada*. 2006.

Éric Rohmer, *Nadja in Paris*. 1964.

Éric Rohmer, *Die Frau des Fliegers*. 1981.

Musik

Marc-Antoine Charpentier, *Te Deum*. Paris 1688-1698.

Register

Dank

Ich tummle mich schon seit meiner Kindheit in den Pariser Gärten – und das zu jeder Tages- und Jahreszeit. Zuerst waren sie mir als Kind Spielwiese, später als Studentin Lernort und seitdem Ort des Flanierens und der Begegnung, Rückzugsort, Sportstätte und vieles mehr, so dass schon lange ein Buch in meinem Kopf entstand. Man ist nie ganz alleine in einem Garten, so wie man auch nie alleine ein Buch macht. Meine *Gärten von Paris* hat viele Mitgestalter, bei denen ich mich bedanken möchte, die mich dazu inspiriert haben, die den einen oder anderen wertvollen Tipp gegeben haben, die mich ferner auf meinen Spaziergängen durch die Gärten heute wie gestern begleitet haben. Von der Bibliothekarin des Jardin des Plantes und des Museum national d'Histoire naturelle, Florence Tessier, bei der Abteilung für Dokumentation der Bibliothèque nationale de France, bei Xavier Nord vom Ministère de la Culture und beim Domaine national du Palais Royal, bei Mona Guichard, zuständig für das Projekt *Rendez-vous aux jardins* bei der französischen Botschaft, bei Jean-Marie Avisard, dem Chefgärtner des Monet-Gartens in Giverny, und dem Chef der Fondation Monet, Hughes R. Gall, bei Sabine Glaubitz der dpa in Paris sowie den zahlreichen Besuchern, Spaziergängern und Gärtnern aus den verschiedenen Gärten, die mir eine wunderbare Quelle waren. Ich danke meinen Lektorinnen Gesine Dammel und Franziska Berninger aus dem Suhrkamp Verlag und meiner Agentin Beate Riess für die Unterstützung und meiner Fotografin und Freundin Marie Preaud, die wieder einmal unser »dream team« bewiesen hat bei der Umsetzung meiner Gedanken in Fotografien. Ich danke meiner Familie und den vielen Freunden und Bekannten, die mich in der Recherchephase und später, als ich schrieb, immer wieder ermuntert haben. Ein besonderes Danke an Steve, mit dem ich die Gartenleidenschaft und mittlerweile einige eigene Gärten teile, für die Inspiration und seine Liebe. Und ein Dank geht an meine beiden Kinder Amandine und Joël, dafür, dass es sie gibt.

Legende

1. Palais Royal
2. Vert-Galant (Île de la Cité)
3. Jardin des Tuileries
4. Square du Temple
5. Jardin du Musée Picasso
6. Jardins des Archives nationales
7. Place des Vosges
8. Notre-Dame
9. Square Jean XXIII
10. Jardin des Plantes
11. Square René-Viviani
12. Jardin du Luxembourg
13. Jardin des Grands-Explorateurs Marco-Polo et Cavelier-de-la-Salle
14. Jardin Botanique de la Faculté de Pharmacie de Paris
15. Jardin Catherine-Labouré
16. Jardin de sculptures du Musée Rodin
17. Musée Zadkine
18. Musée Bourdelle
19. Champ de Mars
20. Jardin de l'Intendant
21. Esplanade des Invalides
22. Parc Monceau
23. Musée de la Vie romantique
24. Promenade Plantée

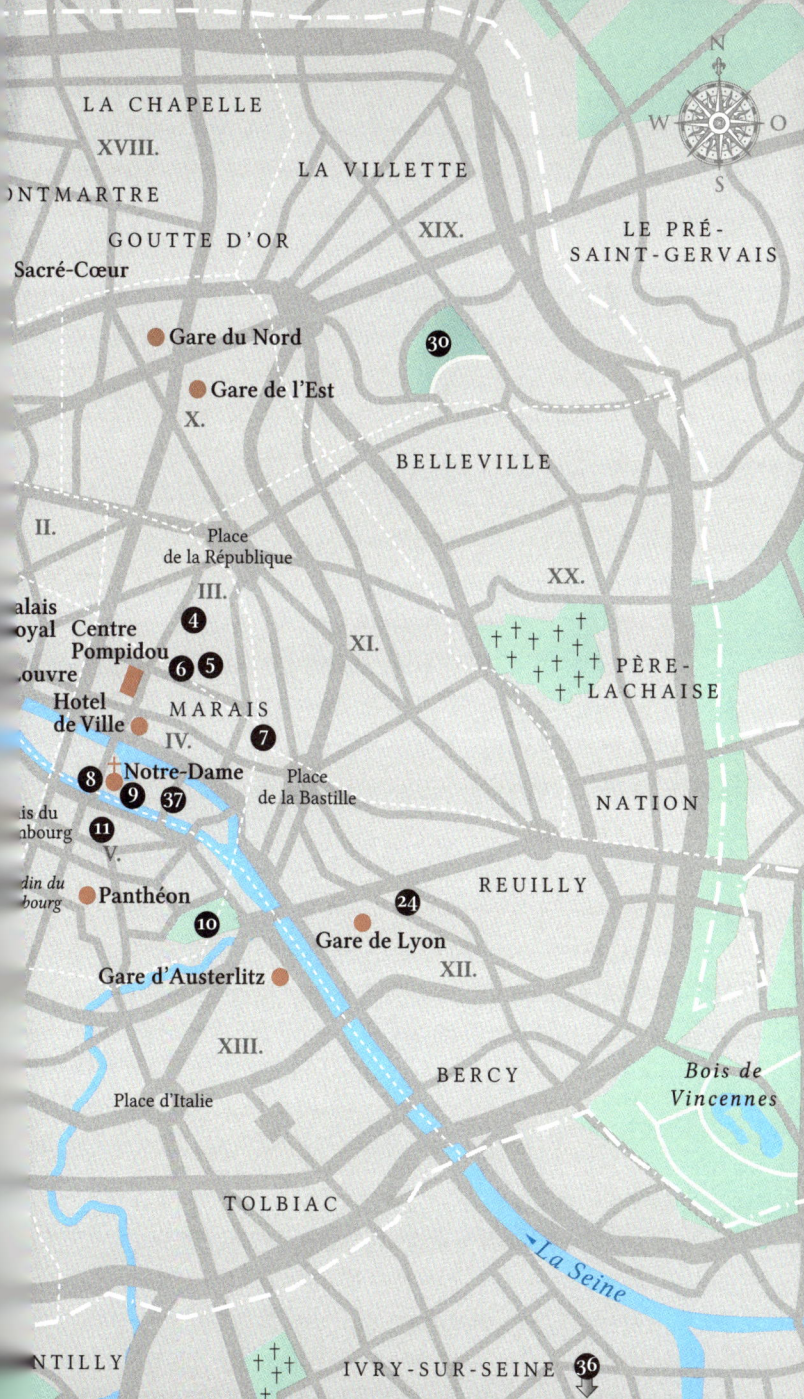